# 制造业集聚
# 对区域创新能力的影响研究

宋帅邦

著

中山大学出版社
SUN YAT-SEN UNIVERSITY PRESS

·广州·

版权所有　翻印必究

**图书在版编目（CIP）数据**

制造业集聚对区域创新能力的影响研究/宋帅邦著．—广州：中山大学出版社，2023.10
　　ISBN 978 - 7 - 306 - 07905 - 3

　　Ⅰ．①制…　Ⅱ．①宋…　Ⅲ．①制造工业—集聚—影响—区域经济发展—研究—中国　Ⅳ．①F127

中国国家版本馆 CIP 数据核字（2023）第 172171 号

ZHIZAOYE JIJU DUI QUYU CHUANGXIN NENGLI DE YINGXIANG YANJIU

出　版　人：王天琪
策划编辑：王旭红
责任编辑：陈　莹
封面设计：曾　婷
责任校对：郑雪漫
责任技编：靳晓虹
出版发行：中山大学出版社
电　　话：编辑部 020 - 84111996，84113349，84111997，84110779
　　　　　　发行部 020 - 84111998，84111981，84111160
地　　址：广州市新港西路 135 号
邮　　编：510275　　传　　真：020 - 84036565
网　　址：http://www. zsup. com. cn　E-mail：zdcbs@ mail. sysu. edu. cn
印 刷 者：广州方迪数字印刷有限公司
规　　格：787mm×1092mm　1/16　11 印张　186 千字
版次印次：2023 年 10 月第 1 版　2023 年 10 月第 1 次印刷
定　　价：46.00 元

# 序

产业集聚是当代经济发展的重要推动力量，产业集聚发达的区域也是在世界经济发展过程中呈现旺盛活力的区域。创新是一个民族的灵魂，是一个国家兴旺发达的不竭动力。在世界进入知识经济时代的今天，各国都通过各种途径来大力增强自身的创新能力，以创新驱动经济的发展。在影响创新的诸多因素中，产业集聚是一个突出的因素。随着产业集聚的发展，产业的这种空间组织结构会对区域创新能力产生重要影响。目前，学术界对产业集聚能够促进区域创新能力提升已形成一定的共识，即产业集聚具有技术创新效应。也就是说，在产业集聚区内形成的创新网络和知识外溢能够激励企业技术创新，提升创新的效率和能力，从而提升区域创新能力。

制造业是国民经济的基础部门，其发展状况直接决定了一个地区甚至一个国家的经济水平。首先，制造业是经济发展的基石。作为从农业经济转向工业经济的重要支撑，自工业革命以来，制造业几乎牵动着社会经济的每一次深刻变化，制造业发达与否已经成为衡量一个国家综合国力强弱的重要标志之一。其次，制造业是高新技术的载体和发展动力。国内外经济发展实践均表明，技术只有应用于制造业才能为社会带来巨大的经济效益。当今世界，无论是发达国家还是发展中国家，都把制造业放在经济全球化和信息革命的大背景下重新审视，将制造业作为拉动经济增长的主要动力和提升国家竞争力的重要基础。如美国提出先进制造业国家战略，实施制造业回归；德国提出"工业4.0"战略；英国推出"英国工业2050战略"；法国提出"新工业法国"战略；韩国发布"制造业革新3.0战略"；印度出台《国家制造业政策》；巴西实行"强大巴西"计划；等等。

　　改革开放以来，我国的制造业迅速崛起，展示了"中国制造"强大的国际竞争力，已经具备了向制造业强国迈进的条件。党的二十大报告明确提出，要坚持把发展经济的着力点放在实体经济上，推进新型工业化，加快建设制造强国，推动制造业高端化、智能化、绿色化发展。创新能力是制造业发展水平的关键影响因素，而制造业的技术创新也是加快产业结构转型和实现创新驱动战略的重要途径。技术创新与制造业产业集聚是区域经济增长过程的重要内容，是科技与经济结合的具体实践，也是资源优化配置与产业转型升级的必然路径。

　　宋帅邦博士的著作《制造业集聚对区域创新能力的影响研究》正是在新时代背景下对产业空间组织结构影响区域创新能力的重要探索。

　　第一，此书是一本适应中国现阶段发展需求、具有鲜明时代特征的著作。党的十八大以来，"如何提升区域创新能力"一直是学术界和政界比较关心的热点问题，制造业也是国家发展战略的重点领域之一。在积极倡导发展科学技术的同时，经济学研究人员也特别关注产业空间结构对区域创新能力的促进作用，研究如何通过合理的产业空间组织结构促进区域创新能力的提升。作者在书中深入分析了制造业集聚影响区域创新能力的内在机理与现实表现，总体上与时代发展需求和中国现实发展需要相适应。

　　第二，从理论创新的角度来看，学术界对于产业集聚与区域创新的研究可以说是比较充实的，但是，关于专业化集聚和多样化集聚对区域创新的影响一直存在争议，也没有研究指出争议存在的原因。作者在书中选取了制造业集聚对区域创新能力的影响为研究内容，并从行业异质性和地区异质性的视角，选取了劳动密集型制造业、资本密集型制造业、技术密集型制造业和我国的东部、中部、西部地区为研究对象，运用现代经济学研究方法，构建了制造业集聚对区域创新能力影响的分析框架，解释了制造业集聚对区域创新能力影响的理论机制，分别考察了不同行业和不同经济发展水平下制造业集聚对区域创新能力的不同影响，尝试从多角度解释学界关于专业化集聚和多样化集聚对区域创新能力的影响存在争议的原因。尽管这种做法细究起来可能仍有瑕疵，但也包含了作者对学理的深入探索。这也是本部著作的一大亮点。

　　第三，在实证方面，庞大的数据搜集工作和扎实的实证过程彰显了作者严谨的治学态度。在本书中，作者在分析我国制造业集聚和区域创新能力现状的基础上，运用计量经济学方法分析制造业集聚对区域创新能力的影响及其行业异质性。在实证过程中，作者搜集了 31 个省区市 15 年的制造业二位数行业的相关数据以及 31 个省区市 15 年的创新投入、产出及区域创新能力数据，并运用计量经济学方法进行数据分析，数据翔实且方法严谨。通过实证，作者分析了不同行业和不同经济发展水平下制造业集聚对区域创新能力的影响，其结论和观点在当下具有较强的启发意义。

本部著作是作者博士后研究期间的学术成果，是作者积极进行理论探索的用心之作。全书论证较为扎实，逻辑清晰，结构合理，虽然在理论体系构建和理论与实证的衔接方面仍有改进空间，但也是一部非常规范的经济学研究著作，是值得经济学研究生尤其是产业经济学研究生一读的作品。

高兴民

2023 年 6 月于深圳大学

# 前　　言

　　产业集聚是当代经济发展的重要推动力量，产业集聚发达的区域也是在世界经济发展过程中呈现出旺盛活力的区域。在处于知识经济时代的今天，各国都在通过各种途径来大力增强自身的创新能力，以创新驱动经济的发展，而创新在很大程度上源于工业文明。随着产业集聚的发展，产业集聚区域空间组织结构很可能会对区域创新能力产生重要影响。基于此，本研究以制造业集聚为研究视角，运用现代经济学研究方法，构建了制造业集聚对区域创新能力影响的分析框架，解释了制造业集聚对区域创新能力影响的理论机制，并在分析我国制造业集聚和区域创新能力现状的基础上，运用计量经济学方法分析制造业集聚对区域创新能力的影响及其行业异质性，主要结论如下。

　　第一，我国制造业整体存在明显的集聚现象。这说明我国地区发展不均衡，存在梯度差距。从变化趋势来看，制造业集聚经历了先上升后下降再上升的变化过程，说明我国制造业集聚程度总体呈现"N"形变化趋势。劳动密集型制造业集聚开始由东部地区向中西部地区转移，资本密集型制造业主要集中于东部地区和资源禀赋高的中西部地区，技术密集型制造业主要集中于东部地区。

　　第二，我国的区域创新能力存在着显著的差异。从创新投入产出来看，我国全社会研究与试验发展（research and development，R&D）经费内部支出、R&D 人员全时当量和专利产出主要集中在东部及中西部的个别地区，并具有时间累积性的特点。我国区域创新能力在 2005 年至 2019 年间呈上升趋势，东部地区和中部地区的区域创新能力处于上升趋势，西部地区和东北地区的区域创新能力处于下降趋势。区域创新能力强的省区市均集中在东南沿海地区。

第三，制造业专业化集聚及其空间滞后项对区域创新能力的促进作用比较明显。无论短期还是长期，制造业专业化集聚对区域创新能力的直接效应和间接效应都显著为正，因此总效应也显著为正。区域创新时间滞后项对本期区域创新能力有正向影响，说明创新在时间上是累积的。而制造业多样化集聚对区域创新能力具有明显的抑制作用。

第四，不同地区制造业集聚对区域创新能力的影响各异。东部地区制造业专业化集聚和多样化集聚对本地区区域创新能力均具有明显抑制作用，周边地区制造业集聚对本地区区域创新能力具有明显促进作用；中部地区制造业专业化集聚和多样化集聚对本地区区域创新能力均具有明显促进作用，周边地区制造业集聚对本地区区域创新能力具有明显抑制作用；西部地区制造业集聚对本地区区域创新能力没有明显作用，原因可能是西部地区经济发展水平较低，制造业集聚影响区域创新能力的有效机制尚未形成。

根据以上结论，制造业的发展应当协调地区差距，而各地区则应根据自身的比较优势和产业特点进行分工，进行市场化改革，消除地方保护主义，尽可能让市场机制在产业发展中发挥作用。同时，政府要通过多种途径提升区域自主创新能力，对产业集聚进行扶持，以提升制造业集聚区的集聚效应。

# 目　　录

# 第一章　引　　言

本章主要介绍本研究的选题背景、研究意义，界定本研究中的相关概念，明确研究对象，同时概括说明本研究的研究思路、研究内容和研究方法，并指出本研究的创新点。

## 第一节　研究背景和意义

产业集聚和区域创新都是区域经济增长的重要驱动力，对二者的研究也是学术界一直关注的重点，产业集聚对区域创新的影响及影响途径更是学者们关注的热点问题，尤其是当前我国经济发展进入新常态，这一研究课题更是意义重大。

### 一、研究背景

#### （一）产业集聚是区域经济和制造业发展的重要特征之一

产业集聚是当代经济发展的重要推动力量。当今世界宏观经济发展呈现两方面的特征：一方面是经济活动突破国界的限制，全球化趋势越来越明显，生产要素的流动扩展到全球，以技术转移、贸易和资本流动的形式进行配置；另一方面是区域经济一体化加速发展，生产要素在一些地区集中，使这些地区的经济发展在全球具有举足轻重的作用。而产业集聚发达的区域也是在世界经济发展过程中呈现旺盛活力的区域。例如，美国硅谷地区和波士顿 128 号公路,"第三意大利",我国的长三角、珠三角区域,等等。正如波特所言:"集聚区布满了现今的世界经济地图。"[1] 越来越多的实例研究证实了产业集聚对经济发展的重要作用。

产业集聚成为全球经济发展潮流。随着经济全球化和区域经济一体化的加快,国际专业化分工与协作、国家和地区之间的贸易及外国直接投资(foreign direct investment,FDI)进一步发展,产业集聚也如火如荼。同时,产业集聚能够带来企业交易成本的降低并使其获得经济外部性,促使企业创新,提升区域竞争力。因此,各国将产业集聚作为产业发展的主流模式,调整产业发展战略,以各种措施促进产业集聚发展,提升自身竞争力。[2]

我国产业集聚水平仍然较低。改革开放以来,我国经济飞速发展,制造业在东部沿海地区高度集中[3],并形成了产业相对集聚的一条经济带,且制造业集聚程度具有上升趋势,地区之间的差距扩大[4],但我国产业集聚水平相较于发达国家仍有一定差距[5]。同时,有一种观点认为,我国属于"世界工厂",东部地区产业的集聚源于全球产业转移,仍然以粗放型发展为基础。若此论得立,那么为我国东部地区经济带来巨大发展的集聚经济将是异常脆弱的,一旦资源成本上升,逐利的资本便会转移到中西部地区或者国外地区[6]。

## (二)创新是世界经济长远发展的动力源

创新是走出经济危机、实现经济复苏的重要途径。1929—1933 年,

---

① Porter M. *The Competitive Advantage of Nations*. New York:Free Press,1998,p. 166.

② 参见石斌《南京市产业集聚与区域经济竞争力的互动关系研究》(博士学位论文),南京航空航天大学 2010 年,第 1 页。

③ 参见文玫《中国工业在区域上的重新定位和聚集》,载《经济研究》2004 年第 2 期,第 84 - 94 页;邓慧慧《要素分布和制造业集聚》,载《经济研究》2009 年第 11 期,第 118 - 129 页。

④ 参见范剑勇《市场一体化、地区专业化与产业集聚趋势——兼谈对地区差距的影响》,载《中国社会科学》2004 年第 6 期,第 39 - 51 页;罗勇、曹丽莉《中国制造业集聚程度变动趋势实证研究》,载《经济研究》2005 年第 8 期,第 106 - 115、127 页;赵伟、张萃《市场一体化与中国制造业区域集聚变化趋势研究》,载《数量经济技术经济研究》2009 年第 2 期,第 18 - 32 页。

⑤ 参见路江涌、陶志刚《中国制造业区域聚集及国际比较》,载《经济研究》2006 年第 3 期,第 103 - 114 页。

⑥ 参见柴志贤《产业集聚对区域技术创新的影响:理论、机理与实证研究》(博士学位论文),浙江大学 2008 年,第 2 页。

美国在经济大萧条期间就是利用成熟的新技术来推动新兴产业的发展，才使经济在较短的时间内摆脱了衰退而得以回升。新一轮的技术创新使得美国仅用了 8 年的时间就恢复了经济大萧条带来的经济倒退 30 年。[①] 2015年 11 月 15 日，习近平总书记在二十国集团领导人第十次峰会第一阶段会议上指出，科技进步造就的新产业和新产品，是历次重大危机后世界经济走出困境、实现复苏的根本。中国将按照创新、协调、绿色、开放、共享的发展理念，着力实施创新驱动发展战略，增强经济发展新动力。

创新是我国转变经济发展模式的关键。改革开放以来，我国利用"后发优势"，通过低劳动力成本和对国外先进技术的嫁接，实现了经济的快速增长，综合国力显著提升，创造了"中国模式"。但是，我国的经济增长是通过劳动力、资源等的大量投入实现的，经济增长"大而不强，快而不优"，企业缺乏核心技术，资源、环境问题日益成为制约我国可持续发展的"瓶颈"。当前，我国经济由高速增长阶段进入高质量发展阶段，而创新是高质量发展的第一动力源，技术创新成为我国经济高质量发展的关键。

技术创新能够提升经济增长的速度和质量。自熊彼特提出创新假说以来，创新领域的研究一直长盛不衰。越来越多的学者证实了创新对经济增长具有促进作用。[②] 大多数的研究者都支持"投资同总产出、全要素生产率具有显著联系"的观点，一般来讲，研发资本存量增长 1%，总产出增长 0.05% ～ 0.1%，研发投资的社会回报率一般在 20% ～ 50%。[③] 因此，世界各国都加大了对科技、教育的投入，并将企业作为技术创新的主体加以重点扶持，从而推动了各国经济的增长以及增长方式的优化。经济学家们还把经济增长中的技术贡献率指标列入评价经济增长方式转变的指标，突出了技术创新、人力资本和知识对经济增长的作用，更加充分地展现了世界科技与经济相互融合、相互促进的一体化发展趋势。[④]

---

[①]　参见朱克江《自主创新是应对国际金融危机的战略选择》，载《科技日报》2008 年 12 月 14 日第 4 版。

[②]　Romer P M. "Increasing Returns and Long-Run Growth". *Journal of Political Economy*，1986，94（5），pp. 1002 – 1037.

[③]　Cameron K S，Quinn R E. *Diagnosing and Changing Organizational Culture：Based on the Competing Values Framework*. New York：Addison-Wesley Press，1998，p. 239.

[④]　参见万勇《区域技术创新与经济增长研究》（博士学位论文），厦门大学 2009 年，第 2 页。

我国对创新的重视与日俱增。从 2012 年到 2016 年，我国 R&D 经费投入增长 52.2%，在 2013 年便超过日本成为仅次于美国的第二大研发经费投入国家。但是，我国的技术创新对经济增长的贡献率还不足 40%[①]，与某些发达国家的 80% 以上还有很大的差距[②]。因此，党的十八届五中全会提出，要把创新作为引领发展的第一动力，把人才作为支撑发展的第一资源，把创新摆在国家发展全局的核心位置，不断推进理论创新、制度创新、科技创新、文化创新等各方面创新，让创新贯穿党和国家一切工作，让创新在全社会蔚然成风。2016 年 5 月 19 日，中共中央、国务院印发《国家创新驱动发展战略纲要》，提出了我国国家创新驱动发展战略的"三步走"[③] 目标。党的二十大报告提出要坚持创新在我国现代化建设全局中的核心地位，加快实施创新驱动发展战略。

## （三）制造业是国民经济的基础部门，是决定国家经济发展水平的要素之一

制造业是国民经济的主导产业部门，是从农业经济转向工业经济的重要支撑，直接关系到一国经济的长足发展。自工业革命以来，制造业几乎牵动着社会经济的每一次深刻变化，当今世界，制造业发达与否已成为衡量一个国家综合国力强弱的重要标志之一，世界上经济发达的几个国家无一不拥有强大的制造业。

我国经济自改革开放以来实现了跨越式发展，取得了举世瞩目的成绩，经济总量占世界的比重从 1978 年的 1.8%，提高到 2021 年的 18.5%，国内生产总值（GDP）年均增长在 9% 以上，成为世界第二大经济体。其中年均制造业产品占全国社会物质总产品的比例超过 50%，增加值占同期 GDP 的 30% 以上。2010 年我国制造业产值占世界制造业总产值的比重达到 19.8%，跃居世界第一，在世界制造业体系中占据着举足

---

① 参见曾光、王玲玲、王选华《中国科技进步贡献率测度：1953—2013 年》，载《中国科技论坛》2015 年第 7 期，第 22 – 27 页。

② 参见金高云《提升我国区域创新能力的构想》，载《工业技术经济》2009 年第 2 期，第 7 – 11 页。

③ 第一步，到 2020 年进入创新型国家行列；第二步，到 2030 年跻身创新型国家前列；第三步，到 2050 年建成世界科技创新强国，成为世界主要科学中心和创新高地。

轻重的位置，成为世界制造业的主要"工厂"，"中国制造"深入人心。

但是，我国制造业发展仍然比较低端。其一，传统优势不复存在。我国制造业采取"以市场换技术"的发展策略①，即利用成本优势整合现有资源实现制造业的规模扩张，然而，近年来我国劳动力市场面临"刘易斯拐点"，劳动人口占比见顶回落，此种发展方式已经不具有可持续性。其二，中国制造业人均增加值较低。虽然中国已成为世界第一制造业大国，但是人均制造业增加值与发达国家相比仍有较大差距，2015 年，中国制造业人均增加值为 2377 美元，仅为发达国家的三分之一左右。在中国制造业中，世界市场占有率较高的行业多是低附加值的劳动密集型行业，而高技术、高附加值行业则在国际市场缺乏竞争力，市场占有率较低。其三，中国制造业一直处于粗放型发展的状态。单位产品能耗比国际平均水平高出 20% ~ 50%，制造业发展带来的污染也远超国际水平。中国一直处于"世界加工厂"的地位，制造业发展的高投入、高能耗、高排放、难循环、低效率的特征造成了巨大的"生态逆差"。制造业的粗放式发展已不适应我国经济转型发展要求，其发展须由量的扩张转向质的提升。

智能制造在全球掀起热潮。2000 年以来，以移动互联网、云计算、人工智能等为代表的新一轮信息技术呈现集中爆发式发展，并快速向工业领域渗透，为全球制造业转型带来新的机遇。制造技术也正经历着由自动化、数字化向智能化发展的过程，新技术在制造业的应用提高了制造效能，为社会带来了越来越便利、越来越丰富的产品，并以这种前所未有的方式改变着我们的生产和生活方式。发达国家相继提出了智能制造战略，如美国的"再工业化"战略、德国的"工业 4.0"；英国的重振制造业战略；法国组建了生产振兴部，大张旗鼓地振兴制造业。中国也适时提出了《中国制造 2025》、"互联网+"等一系列战略。党的二十大报告指出："坚持把发展经济的着力点放在实体经济上，推进新型工业化，加快建设制造强国、质量强国、航天强国、交通强国、网络强国、数字中国。实施产业基础再造工程和重大技术装备攻关工程，支持专精特新企业发展，推

————————

① 参见仲伟周、邢治斌《我国制造业"市场换技术"有效性分析——基于产业安全视角》，载《科学学与科学技术管理》2012 年第 12 期，第 62 - 70 页。

动制造业高端化、智能化、绿色化发展。……推动战略性新兴产业融合集群发展，构建新一代信息技术、人工智能、生物技术、新能源、新材料、高端装备、绿色环保等一批新的增长引擎。"①

### （四）产业集聚对区域创新具有推动作用

在世界经济发展中，产业集聚与创新息息相关。创新的出现并不是像人们所料想的那样在时间序列上均匀而连续的，而是断断续续、高低不均、时而群聚时而稀疏的。② 从世界经济发展历程来看，世界经济的焦点转移过程为：地中海岸—欧洲中西部—英国—美国—日韩等亚洲新兴国家和地区，创新也在这条区域集聚发展路线上转移，这说明了产业集聚发展的地区能够为创新带来便利条件，使其具有创新方面的优势。

产业集聚对区域创新的推动作用已得到学术界的广泛认可。③ 产业集聚能够通过新技术、新知识的传播来影响区域创新能力。熊彼特关于创新的研究从一开始就是与产业集聚联系在一起的。他认为，产业集聚和创新具有相互促进的作用，一个孤立的企业并不能实现创新行为，只有众多企业集聚到一起进行合作与竞争，才能实现创新。创新并不是在时间序列上均匀分布的孤立事件，反而趋向于集群。其原因就是在一种创新实现之后，会有众多的企业紧跟其步伐进行创新；另外，创新在经济活动中不是随机分布的，而是主要集中于某些部门。当前学术界主要对产业集聚影响区域创新的机制进行分析并从实证上进行检验，同时研究不同集聚结构对区域创新的影响，但是这方面的研究并没有得出统一的结论，主要存在两种观点：一种认为专业化集聚（MAR 外部性）更有利于区域创新发展，专业化的产业发展形成的知识溢出和垄断的市场结构更能促进企业的创新

① 习近平：《高举中国特色社会主义伟大旗帜　为全面建设社会主义现代化国家而团结奋斗——在中国共产党第二十次全国代表大会上的报告》，人民出版社 2022 年，第 30 页。

② Schumpeter J. *The Theory of Economics Development*. Boston：Harvard University Press，1912，p. 151.

③ Paci R，Usai S. "Externalities，Knowledge Spillovers and the Spatial Distribution of Innovation". *Geo Journal*，1999，49（4），pp. 381 - 390；Usai S，Moreno R，Paci R. "Spatial Spillovers and Innovation Activity in European Regions". *Social Science Electronic Publishing*，1999，37（10），pp. 1793 - 1812.

发展，代表人物是 Marshall①、Arrow② 和 Romer③；另一种认为多样化集聚（Jacobs 外部性）更有利于区域创新发展，多样化的产业结构会为企业创造多样化的发展环境，更有利于知识交流，代表人物是 Jacobs④。两种观点相比而言，MAR 外部性强调地区垄断比竞争更有利于产业发展，因为垄断限制了知识的流动，使创新者最大限度地占有创新成果，所以垄断更能促进产业的创新；而 Jacobs 外部性则认为竞争的市场结构会激发企业探索和追求新的技术，加速创新的应用，以免被竞争对手所淘汰，因此竞争更有利于促进产业的创新。然而，对于这两种产业集聚模式对区域创新的影响效果，学术界并没有达成共识，Beaudry 和 Schiffauerova 对有关英文文献进行了整理，其中有 65% 的结论支持多样化集聚会促进区域创新，有 54% 的结论支持专业化集聚会促进区域创新。⑤

在新技术革命到来的今天，创新越来越受到学者的关注。创新的影响因素是复杂多样的，如区域研发投入、创新氛围、创新体制、人才水平等，而其中一个非常重要的因素就是产业集聚。制造业是创新资源最为密集的产业，也是创新成果最为丰富的产业，其对区域创新能力的形成和维持具有不可忽视的作用。那么，我国制造业集聚的程度如何？其变化是明显还是不明显？制造业集聚特征更偏向专业化还是更偏向多样化？我国的区域创新能力如何？制造业的专业化集聚和多样化集聚会对区域创新产生何种影响，其影响的内在机制是什么？不同类型制造业的多样化集聚和专业化集聚对区域创新的影响有何不同？学术界关于多样化集聚与专业化集聚对区域创新的影响的争论到底是因为什么？本研究将通过分析制造业集聚对区域创新能力的影响及进行相关实证检验，解答上述问题。

---

① Marshall A. *Principles of Economics*. London：Macmillan，1890.

② Arrow K. "The Economic Implications of Learning by Doing". *Review of Economic Studies*，1962，29（3），pp. 155 – 173.

③ Romer P M. "Increasing Returns and Long-run Growth". *Journal of Political Economy*，1986，94（5），pp. 1002 – 1037.

④ Jacobs J. *The Economy of Cities*. New York：Random House，1969.

⑤ Beaudry C，Schiffauerova A. "Who's Right，Marshall or Jacobs? The Localization versus Urbanization Debate". *Research Policy*，2009，38（2），pp. 318 – 337.

## 二、研究意义

### （一）现实意义

制造业对区域经济发展有着重要的带动作用。在我国经济发展中，存在区域经济发展不平衡以及区域产业集聚现象。对于制造业集聚，本研究重点关注两个方面：一是我国制造业集聚的程度如何，其变化是明显还是不明显；制造业在哪些地区集聚，其原因是什么。二是制造业集聚特征更偏向专业化还是更偏向多样化。考察这些问题有助于深入了解我国制造业区域发展情况，对促进制造业区域协调发展有着至关重要的参考价值。

同时，正确认识制造业集聚与区域创新的关系，有利于为转型期提升区域创新效率、推动制造业合理集聚、建设创新型社会提供有效指导。本研究的意义在于：第一，我国正处在优化区域经济结构与转变经济增长方式的过程当中，亟须从我国产业空间布局出发，考虑产业集聚与区域创新之间的关系。第二，正确认识产业集聚对区域创新的作用，有助于更全面地认识区域创新的动力源泉，对我国在新常态背景下实施创新驱动战略、推动我国经济快速发展和提升区域创新能力有着重要的参考价值。研究产业集聚在推动区域创新中发挥的作用，可为政府部门从全局的角度合理规划创新要素与制造业的空间分布、统筹区域发展提供参考依据。第三，为缩小区域技术创新差距、推动制造业集聚提供新的可能与途径。

### （二）理论价值

首先，对制造业集聚及其影响区域创新能力的进一步研究，有助于深化制造业经济研究，拓展区域创新理论的视角，丰富产业集聚理论。其次，关于产业集聚对区域经济发展和区域创新影响的研究，集聚的专业化和多样化理论是近年来备受关注的热点之一。但是，产业集聚的专业化和多样化哪种更有利于经济增长和创新，或者说 MAR 外部性和 Jacobs 外部性哪一种对区域经济增长和区域创新的影响更为明显，一直是学术界存在争议的一个问题。本研究分别对劳动密集型、资本密集型和技术密集型制造业的专业化集聚和多样化集聚对区域创新的作用机制进行讨论，并从行业异质性和地区异质性两个方面对其进行检验，从而丰富产业集聚对区域创新影响的理论研究。

## 第二节 相关概念界定

开展一项研究任务的基础和起点就是清晰地界定研究对象。本研究以制造业集聚对区域创新能力的影响机理及效果为研究内容，因此，产业集聚和区域创新能力是本研究的核心概念，必须加以界定。

### 一、产业集聚、产业集群

产业的地理集中现象在经济学、地理学、社会学和管理学当中都有所涉及，但是在相关概念及研究范式上各学科依然未能统一。区域经济学多用"产业集聚"（industrial agglomeration）概念；管理学多用"产业簇群"或"产业集群"（industrial cluster）等概念；经济地理学还使用"产业区"（industrial district）、"产业综合体"（industrial complex）、"区域集群"（regional cluster）等概念。[①]

"集聚"和"集群"是在描述经济活动的地理集中现象时常用的一组概念。马歇尔最早观察到了产业集聚现象，提出了产业地方化的概念，用来描述许多小型的企业集中在特定的地方。"集聚"（agglomeration）一词，最早是韦伯在描述19世纪后期德国工业行业的生产集中现象时提出的。他认为产业集聚是一种优势，这种优势或者是廉价生产，或者是吸引到特定地方的市场生产。而马歇尔则将韦伯的集聚理论进一步推进，并专门论述了产业集聚的观点。"集群"（cluster）的概念是波特在描述美国硅谷和"第三意大利"等新产业区的中小企业地理邻近现象时提出的，并将其定义为集中在一个区域的公司及其服务机构所形成的有机整体。

国内学者对"产业集聚"与"产业集群"的概念均有比较统一的说

---

① 参见江激宇《产业集聚与区域经济增长——以中国制造业集聚为例》（博士学位论文），南京农业大学2005年，第40页。

法：产业集聚是指同一行业或相关联的企业以及相关服务机构在特定地区的集中；而产业集群则是指众多专业化企业及相关服务机构集中在特定地区，并且相互之间形成紧密的合作网络融入当地经济社会环境。从"产业集聚"的定义可以看出：首先，产业集聚是由企业个体组成的，企业的集聚是产业集聚形成的基础，集聚中的企业个体并不具有完整的功能，需要与其他企业相互依靠来生存和发展；其次，产业集聚的本质是集聚中的企业获得规模经济效益，并形成创新优势，只要二者存在并能持续发展，产业集聚就会一直存在并发展。

本研究采用"产业集聚"的概念，即相同产业及相关支撑产业、相互关联的不同产业在特定地区的地理集中。

## 二、创新、区域创新能力

创新在经济增长中扮演的角色一直都是研究人员及决策者热衷探讨的话题。那么，什么是创新？经济学上的创新强调投入产出过程中所产生的实际的经济效应。熊彼特最早将"创新"（innovation）一词引入经济学研究，提出了创新的概念。他指出，创新是在生产体系中引入生产要素和生产条件的新的组合，包括使用新的生产资料、引进新的生产方式、生产出新的产品、发展新的组织形式以及开拓新的市场五种形式。[1] 经济合作与发展组织（OECD）的《奥斯陆手册 2018：创新数据收集、报告、使用指南》（第 4 版）将"创新"描述为：一种新的或显著改善的产品（商品或服务），或一种过程，一种新的营销方法，或一种新的商业实践中的组织方法的实现场所或其外部联系。

熊彼特对创新和发明做出了明确的区分：无论从经济学上定义还是社会学上定义，创新的结果与发明的结果是完全不同的。虽然它们经常被人混淆使用，但是它们在本质上存在着区别，这种混淆只是一种巧合，因为属于个人知识能力的发明创造与通过将创造转化成为创新所需要的个人意志品质及方法，二者属于完全不同的领域。熊彼特认为，发明是一种新的产品、服务或过程，与其是否商业化或成功地为市场所接纳没有关系。许

---

[1] Schumpeter J. *The Theory of Economics Development*. Boston：Harvard University Press，1912.

多发明都有专利，但是绝大部分专利都没有被商业化，因为专利转化为实际商品进而实现利润这一过程需要较长的时间。而创新通常与商业化联系更为紧密，而且不需要发明或专利作为必要的支持。创新来源于新事物或新领域。因此，无论从定义上还是概念上来看，创新通过新的产品及对现有产品的改善而具有福利效应，通常伴随着直接的区域或国家经济增长。①

　　不同的学者对区域创新能力有着不同的理解，以 Lawson 为代表的创新环境学派在对区域创新进行研究时，以"集体学习"为核心将"能力"引入其中②。他们指出，区域当中的企业与相关机构的互动机制使得区域具备有利于集体学习的环境；区域创新能力的核心要素包括区域习惯的积累、知识的传播与共享，以及吸收与再创造。而以 Heidenreich 为代表的创新系统学派则认为区域创新能力是由两部分组成的，一部分是公共机构和政府部门"提供和创造集体性竞争产品的能力"，另一部分是"激发和稳定区域内政府、高校、企业、研究机构之间进行交流与合作的能力"。③他们的观点强调了政府在区域创新能力中的位置，并将区域内不同的创新主体之间的合作互动引入区域创新能力研究。

　　国外学者多从社会经济实现的角度来定义区域创新能力。他们认为生产出来的新产品、创造出的新发明、开发出来的新设计以及新的生产方式的潜力决定了区域创新能力；一个地区持续产出具有经济意义的高潜力创新产品，则体现出该地区拥有高水平的创新能力。Furman 等认为创新基础设施和产业集群决定着区域创新能力水平，可用于衡量地区技术知识成果转化能力。④ Riddle 和 Schwer 则将区域创新能力看作地区持续产出创新商业产品的潜力，人力资本、R&D 投入以及教育机构质量是其重要影响

---

　　① Schumpeter J. *The Theory of Economics Development*. Boston：Harvard University Press，1912.

　　② Lawson C. "Towards a Competence Theory of the Region". *Cambridge Journal of Economics*，1999，23（2），pp. 151 – 166.

　　③ Heidenreich M. "The Renewal of Regional Capabilities：Experimental Regionalism in Germany". *Research Policy*，2005，34（5），pp. 739 – 757.

　　④ Furman J L，Porter M E，Stern S. "The Determinants of National Innovative Capacity". *Research Policy*，2002，31（6），pp. 899 – 933.

因素。①

国内学者多将区域创新能力定义为区域内将知识转化为新产品、新工艺、新服务的能力。② 黄鲁成认为科技能力是区域创新能力的基础，区域运用其科技实现产品和工艺创新的能力就是区域创新能力③；胡宝娣、胡兵认为区域创新能力是区域通过整合生产要素来提升资源利用水平及核心竞争力的能力④；吕可文等认为区域创新能力是实现区域技术的商业价值的能力⑤。

本研究认为，区域创新能力是区域以经济持续增长和保持核心竞争力为目的，利用区域内的政府和市场等各种力量实现区域技术和知识等创新资源的有效配置，并通过区域创新网络持续不断地将资源转化为新产品、新工艺、新服务以实现商业价值的能力。因此，本研究的区域创新能力的构成包括区域创新优势资源、区域创新网络、技术改造和创新能力以及科技成果转化平台四个部分。

# 第三节　研究方案

本节主要介绍研究目标、研究内容、拟解决的关键问题、研究方法、技术路线及本研究的创新点，并概括整个研究构架。

## 一、研究目标

本研究致力于分析制造业集聚对区域创新能力的影响，从行业异质性

---

① Riddel M，Schwer R K. "Regional Innovative Capacity with Endogenous Employment: Empirical Evidence from the U. S.". *The Review of Regional Studies*, 2003, 33 (1), pp. 73 – 84.

② 参见中国科技发展战略研究小组、中国科学院大学中国创新创业管理研究中心《中国区域创新能力评价报告 2017》，科学技术文献出版社 2017 年版。

③ 参见黄鲁成《关于区域创新系统研究内容的探讨》，载《科研管理》2000 年第 2 期，第 43 – 48 页。

④ 参见胡宝娣、胡兵《中西部地区区域创新能力研究》，载《重庆工商大学学报（西部经济论坛)》2003 年第 5 期，第 17 – 19 页。

⑤ 参见吕可文、李晓飞、赵黎晨《中部六省区域创新能力的评价与分析》，载《区域经济评论》2017 年第 2 期，第 99 – 106 页。

及地区异质性的视角，考察制造业专业化集聚和多样化集聚对区域创新能力的不同影响，进而提出加强制造业集聚对区域创新能力促进作用的对策建议。具体研究目标如下：①理论分析制造业集聚对区域创新能力的影响机制；②考察我国制造业集聚和区域创新能力发展的历程、现状及其空间特征；③实证分析制造业专业化集聚和多样化集聚的行业异质性及地区异质性对区域创新能力的影响；④针对本研究发现的问题，为我国加强制造业集聚对区域创新能力的促进作用提供具有可操作性的对策建议。

## 二、研究内容

本研究围绕制造业集聚对区域创新能力的影响，首先以已有的理论和研究成果为基础，分析制造业集聚对区域创新能力的影响效应及影响路径，并分别分析制造业专业化集聚和多样化集聚对区域创新能力的影响机制。其次，在分析我国制造业专业化集聚和多样化集聚现状以及区域创新能力现状的基础上，构建交通时间矩阵，利用空间计量经济学方法分析制造业专业化集聚和多样化集聚对区域创新能力影响的行业异质性（分别对劳动密集型制造业、资本密集型制造业和技术密集型制造业进行研究）和地区异质性（以我国东部地区、中部地区和西部地区为研究对象，主要考察不同经济发展水平下制造业集聚对区域创新能力的影响），探讨制造业集聚异质性对区域创新能力的不同影响。主要研究内容如下。

### （一）制造业集聚对区域创新能力的影响机制

本研究主要从以下三个方面分析制造业集聚对区域创新能力的影响机制。

其一，制造业集聚对区域创新能力的影响效应。制造业集聚对区域创新能力的主要影响路径是产业集聚效应，然而关于制造业集聚对区域创新的影响效应至今还没有统一的模型可以借鉴。本研究在总结前人研究的基础上，将制造业集聚对区域创新能力的影响效应归纳为外部经济效应、市场规模效应、持续创新效应、社会资本效应、区位品牌效应、资源整合效应和劳动力市场效应。

其二，制造业集聚对区域创新能力的影响路径。本研究主要从两个方面分析制造业集聚对区域创新能力的影响路径：一是制造业集聚效应对区域创新能力的影响路径，分别分析了制造业集聚的外部经济效应、市场规模效应、持续创新效应、社会资本效应、区位品牌效应、资源整合效应和劳动力市场效应对区域创新能力的影响；二是制造业集聚对区域创新能力构成要素的影响路径。本研究对区域创新能力的定义包含创新优势资源、创新网络、技术改造与创新、技术转化平台四个方面。因此，本研究将从制造业集聚创造创新优势资源、促进创新网络形成、推动技术改造与创新、提供技术转化平台四个角度分析制造业集聚对区域创新能力构成要素的影响路径。

其三，制造业专业化集聚和多样化集聚对区域创新能力的影响机制。专业化和多样化是产业集聚的两种结构特征，本研究将分别针对制造业的这两种集聚结构来分析制造业集聚对区域创新能力的影响机制。

### （二）中国制造业集聚及区域创新能力发展的历程、现状和空间特征

在中国制造业集聚分析方面，本研究以空间基尼系数、区位商指数对我国制造业集聚水平进行测算，并根据测算结果，从行业、时间序列以及地区三个角度对中国制造业集聚的历程、现状及其空间特征进行分析。

在区域创新能力分析方面，从区域创新投入水平、区域创新产出水平和区域创新能力综合水平三个方面分析中国区域创新能力的历程、现状及空间特征。其中，区域创新投入水平主要从 R&D 经费投入和 R&D 人员全时当量的角度进行分析，区域创新产出水平主要从专利产出和新产品产值两个方面进行分析，而区域创新能力综合水平则借助由中国科技发展战略研究小组主编的历年《中国区域创新能力评价报告》进行分析。

### （三）制造业集聚对区域创新能力影响的实证研究

基于理论机制和特征事实数据分析，本研究将从以下两个方面对制造业集聚对区域创新能力的影响进行实证研究。

其一，制造业集聚的行业异质性对区域创新能力的影响。本研究认为，学界存在关于专业化集聚与多样化集聚对区域创新作用的争论的可能原因之一是，行业的异质性导致专业化集聚与多样化集聚对区域创新的作用不同，因此在分析整体行业时会得到不同的结果。本研究将采用空间计量模型分别对劳动密集型制造业、资本密集型制造业、技术密集型制造业

的专业化集聚和多样化集聚对区域创新能力的影响进行分析，探讨不同要素密集型制造业的专业化集聚和多样化集聚对区域创新能力的不同影响。

其二，制造业集聚的地区异质性对区域创新能力的影响。本研究认为学界存在关于专业化集聚与多样化集聚对区域创新作用的争论，可能原因之一是经济发展水平的不同导致专业化集聚与多样化集聚对区域创新的作用不同，所以在分析全国相应情况时会因为不同地区的经济发展水平不同而综合分析得到不同的结果。而当前的研究大都针对全国或者某一地区，同时对几个区域进行研究的并不多，因此，本研究将采用空间计量模型，分别对我国的东部、中部、西部地区制造业专业化集聚和多样化集聚对区域创新能力的影响进行分析，探讨不同经济发展水平下制造业集聚对区域创新能力的不同影响。

#### （四）加强制造业集聚对区域创新能力的促进作用的对策建议

基于对制造业集聚异质性影响区域创新能力的深入研究，本研究将针对理论和实证研究的结果，为我国加强制造业集聚对区域创新能力的促进作用提出具有可操作性的对策建议。从研究内容来看，制造业集聚对区域创新能力的影响存在行业和地区的差异，因此，制造业的发展应当协调地区差距，各地区应根据自身的比较优势和产业特点进行分工，进行市场化改革，消除地方保护主义，尽量让市场机制在产业发展中发挥作用。同时，政府应通过多种途径提升自主创新能力，并对制造业集聚进行扶持以提升制造业集聚区的集聚效应。

## 三、拟解决的关键问题

本研究拟解决的关键问题包括：①制造业集聚对区域创新能力的影响机制；②如何将制造业集聚对区域创新能力影响的理论与我国制造业发展的实践进行有机结合。同时，以系统化的理论分析和实证研究为基础，准确识别我国制造业集聚影响区域创新能力的深层次原因和掣肘因素，以寻求制造业集聚带动区域创新发展、实现我国建立制造强国目标的有效突破点。

## 四、研究方法

本研究拟采用区域经济学、产业经济学、计量经济学、空间经济学、经济地理学等多学科理论与方法，结合研究区域的相关数据，采取定性分析与定量分析相结合、规范分析与实证分析相结合、动态分析与静态分析相结合等研究方法进行研究。

### （一）文献分析法

本研究通过详细阐述研究的相关基本概念和基本理论，对制造业集聚与区域创新能力进行理论分析；通过多种途径查阅、梳理大量文献，准确把握已有研究成果与研究趋势，在前人的基础上架构起研究框架。对我国各省区市的制造业集聚情况及区域创新能力进行实证分析，使本研究更具有理论价值与实践意义。

### （二）定性分析方法

通过定性分析，对制造业集聚影响区域创新能力的理论与作用机制进行详细的阐述，同时分析不同要素密集型制造业集聚结构对区域创新能力的影响机制，系统构建制造业集聚对区域创新能力影响的理论体系。

### （三）产业集聚测算方法

在制造业集聚分析方面，以空间基尼系数、区位商指数以及多样化指数对我国制造业集聚水平进行测算，根据测算结果，从行业、时间序列和地区三个角度对我国制造业集聚的历程、现状及空间特征进行分析。

### （四）计量经济学方法

本研究构建了制造业集聚对区域创新影响的空间计量模型以分析制造业集聚的创新效应，设定了新的交通运输时间权重矩阵。

## 五、技术路线

本研究的技术路线见图 1-1。

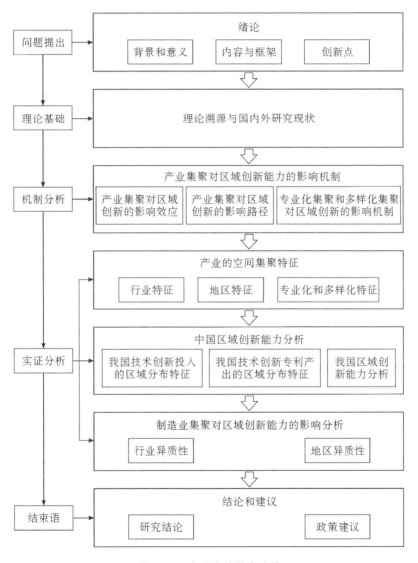

图 1-1　本研究的技术路线

## 六、创新点

### （一）在异质性视角下考察制造业集聚对区域创新能力的影响

关于专业化集聚和多样化集聚对区域创新能力的影响，目前学术界尚存在争议，且尚未有学者研究和探讨争议存在的原因。本研究选取制造业为研究对象，分别从行业异质性和地区异质性两个方面考察了制造业的专业化集聚和多样化集聚对区域创新能力的不同影响，以探求学术界存在关于专业化集聚和多样化集聚对区域创新作用争论的原因。

### （二）深入分析产业集聚对区域创新能力的影响机理

本研究总结了前人关于产业集聚对区域创新能力的影响机理的分析，归纳了制造业集聚的创新效应，并在此基础上，从制造业集聚效应对区域创新能力的影响路径，以及制造业集聚对区域创新能力的不同构成部分的影响路径两个方面分析了制造业集聚对区域创新能力的影响路径，梳理和总结了制造业专业化集聚和多样化集聚对区域创新的影响机制。

### （三）构建交通运输时间权重矩阵

本研究采用了空间计量经济学方法。在空间计量模型的应用方面，目前的已有研究多采用邻接矩阵或者距离的倒数矩阵来表征地区之间的空间联系。本研究认为，地区之间是否毗邻以及地区之间的距离并不能够完全诠释地区之间的联系程度。在交通发达的今天，两地之间的交通便利程度更能体现彼此的空间联系，因此，本研究拟利用交通运输时间的倒数构建新的空间权重矩阵来进行空间计量分析。其具体方法为：对各种交通运输方式所用时间进行加权平均，权重为每种交通运输方式频次与交通运输总频次之比。而对同一种交通运输方式中的不同时间则取其平均值。本研究选取的交通运输方式为汽车、普通火车、动车高铁和飞机四种。

# 第二章　理论基础和文献综述

本章在梳理文献的基础上，对学术界关于产业集聚、区域创新能力以及产业集聚对区域创新能力的影响方面的研究进行系统的梳理，发现现有文献的优点与不足，为本研究提供有益的理论支撑和经验借鉴。

## 第一节　理论溯源

在进行研究之前，应当对研究所涉及的相关经济学理论进行归纳和梳理，从而为研究奠定坚实的基础。本研究所涉及的理论主要有产业集聚理论和创新理论。

### 一、产业集聚理论

现代集聚理论是对亚当·斯密分工理论[①]的延伸和发展。斯密分析了分工产生效率的原因，并指出分工促进经济发展的核心是能够带来财富的增加。社会分工有三种形式，分别是企业内分工、企业间分工和产业分工。而产业集聚就形成于企业间分工。分工使得企业在其生产领域更加专业化，生产效率更高，而集聚则能够深化分工，同时分工所带来的优势又会进一步促进集聚的发展。

---

[①] 参见［英］亚当·斯密《国富论》，郭大力、王亚南译，商务印书馆 2015 年版，第 35 页。

马歇尔是公认的研究集聚的第一人。马歇尔的外部性理论开创性地研究了产业集聚的内涵和外延，并指出了企业为追求外部规模经济而聚集在一起的内在原因。① 马歇尔认为产业集聚是一种规模经济和广义外部性，他指出产业集聚形成的三个原因：劳动力池、中间投入品共享和知识溢出。外部经济是非常重要的，它"往往能因许多性质相似的小型企业集中在特定的地方——通常所说的工业地区"② 而产生，马歇尔将存在产业集聚现象的特定地区称为"产业区"。马歇尔的外部经济理论将产业集聚纳入经济学研究，他详细阐述了集聚的优势，分析了产业集聚的原因，但没有解释外部性的来源，也没有考虑运输成本和区位因素。

韦伯的工业区位论从区位的角度对产业集聚进行了深入分析，首次提出"集聚"的概念③。韦伯详细分析了集聚的形成、分类及其生产优势，并指出劳动力成本、运输成本和集聚经济是最佳区位的三个决定因素，工业区位论的中心思想就是找到三个因素的最佳组合方式以使企业成本最小化。若集聚的收益大于因地理分散而需要承担的运输费用等成本，企业就会倾向于集中，可见"成本最小化"是集聚的根本原因和关键性的因素。集聚经济的意义在一定程度上也体现在其带来的成本节约上。韦伯认为集聚与生产规模有很大的关系，他提出了两种与企业空间规模相关的集聚：一是企业规模扩大形成集聚，二是同一地区的众多企业之间分工协作、共享基础设施形成集聚。然而值得一提的是，韦伯所说的"集聚"与现代产业的"集聚"有较大的差别：韦伯所指主要是交通区位和自然资源引致的集聚，而现代的产业集聚是指不同产业的集聚。

胡佛的最优集聚规模理论认为，产业集聚和分散都是产业区位结构的表现形式，产业区位结构的形成有赖于许多因素的共同作用，所以认识产业集聚要从区位与单位之间的联系入手，而不是局限于单个区位或单位区位因素。④ 他将集聚经济分解为内部规模经济、地方化经济和城市化经

① Marshall A. *Principles of Economics*. London：Macmillan，1890.

② Marshall A. *Principles of Economics*. London：Macmillan，1890.

③ 参见［德］阿尔弗雷德·韦伯《工业区位论》，李刚剑等译，商务印书馆1997年版，第112－113页。

④ 参见［美］艾德加·M·胡佛、［美］弗兰克·杰莱塔尼《区域经济学导论》，郭万清、汪明、孙冠群等译，上海远东出版社1992年版。

济，并指出出现产业集聚的三个原因是：产品市场和原料在少数几个地区集中、产品的多样性形成了一个"商品展览会"，以水平分工为基础的集聚易于获取有利的外部信息，以垂直分工为基础的集聚则能够带来中间投入品交易成本和风险的降低。胡佛的最大贡献是提出"产业集聚具有最优规模"的观点，即集聚企业过少不会产生规模经济，而集聚企业过多则会因为地租上涨等引起规模不经济而降低集聚效应。[①] 区域内各企业或产业的纵向联系和互补联系所形成的产业集聚自动强化作用，以及各行各业的横向联系带来的产业在区位选择中的互相排斥所形成的自动限制作用，是对为什么产业集聚存在适度规模的解释。

波特从竞争角度详细阐述了产业集群效应，他认为生产要素、需求条件、相关产业和支持产业的表现、企业战略与企业结构以及竞争对手是决定产业竞争力的五项关键因素，即著名的"钻石模型"。而产业集群是产业竞争力的源泉。[②] 产业的聚集可以带来产业成本的降低、生产效率的提高，同时能够为产业提供良好的创新条件，促进其成长，也能够为新企业创造更多的机遇。产业集群内的企业会形成合作关系，促进相互之间的信息交流，形成良性竞争。需要指出的是，波特的研究只分析了产业集聚所带来的经济效应，并没有解释产业集聚形成的原因，所以波特的研究只是对产业集聚问题研究的进一步扩展。

新经济地理学理论将产业集聚形成的原因归结于生产要素流动、运输成本和规模报酬递增。克鲁格曼等新经济地理学家以 D－S 垄断竞争模型为基础，构建了以不完全竞争和规模报酬递增为核心的"中心—外围"市场模型，以严谨的数学方法论证了集聚会导致"中心—外围"的区域经济增长格局。[③] 在"中心—外围"模型中，由于集聚的企业存在前向和后向的关联，会使集聚产生一种"自我持续"的现象，形成一种向心力吸引要素和产业进一步集聚；同时，由于存在运输成本，会形成一种抵御集聚的离心力。因此，产业集聚存在多种格局，"中心—外围"模式仅仅

① 参见黄曼慧、黄燕《汕头市产业集聚效果的实证分析》，载《广东商学院学报》2003 年第 4 期，第 51－55 页。

② Porter M. *The Competitive Advantage of Nations*. New York：Free Press，1998.

③ Krugman P. *Geography and Trade*. Leuven：Leuven University Press，1991.

是其中的一种。偶然的历史事件会对产业区的形成产生重大影响，而现实中的产业区的形成是有路径依赖的，而且产业区一旦形成，就倾向于"自我延续"。克鲁格曼深入剖析了产业集聚经济效应的内在机理，弥补了马歇尔和韦伯观点的不足，并将空间因素引入产业集聚的研究，将产业集聚纳入主流经济学的研究范畴。但是，克鲁格曼只重视产业集聚带来的企业间能够进行量化的市场关系，没有给予产业集聚带来的技术外溢等外部经济足够的重视，因而忽略了集聚引起的企业间的非物质联系，并且由于他强调均衡多样性，因此，该模型未能得到广泛应用。

## 二、创新理论

熊彼特最早开始了对创新的研究，并提出了"创新"的概念。① 熊彼特的"创新"是建立一种新的生产函数，亦即将新的生产方式和生产要素的不同组合方式引入生产过程。创新包含五种基本方式：新产品或优质产品的生产、新生产方法的引进、新市场的开辟、新原料或中间产品的使用、企业组织管理形式的更新（建立垄断）。熊彼特运用创新理论，另辟蹊径地解释了经济增长的内在机理，认为经济之所以能够不断发展，是因为企业家不断将创新引入经济体系。企业家冒着巨大的风险将发明应用于经济活动而成为创新者，经济社会之所以能够不断进步，离不开企业家的创新精神，这也是企业家与经营管理者、发明家的最大区别。熊彼特将经济增长与经济发展区别开来，经济发展除使财富增加外，还包含一些标志着经济质变的内容，如产业结构升级和技术进步等。经济发展是经济内部的一种不受外力影响的自我发展变化，而创新是促进经济发展的唯一因素。但是，熊彼特的创新理论依然存在着一定的不足：一是方法论仍渗透着机械论的均衡观点；二是很少用到数量方法；三是没有对发展中国家的国际贸易和国际技术扩散进行研究；四是没有将政府、大学和产业的R&D 联系起来；五是没有将创新扩散纳入研究，没有对渐进创新这一与

---

① Schumpeter J. *The Theory of Economics Development*. Boston：Harvard University Press，1912.

根本创新具有同等经济价值的创新形式考虑在内。[①]

　　罗杰斯利用创新扩散理论对创新的扩散过程及其影响因素进行了研究。[②] 在创新形成伊始，人们尚未了解和接受创新产品，对创新产品使用较少，创新扩散缓慢；随着对创新产品的使用越来越多，创新扩散加快；当创新利用达到饱和时，其扩散再次放缓。因此，创新的扩散曲线呈"S"形。创新的扩散依附于社会网络，因此，人在这一过程中的重要性不言而喻。同时，由于信息技术能够促进人与人之间更好地交流，人们可以在这种交流中更快地接受创新，因此，其在创新扩散中也有举足轻重的作用。综合来说，创新的扩散离不开人脉和信息技术的作用。

　　区域创新系统理论研究了在特定范围内支持企业创新的各种服务和制度支撑体系对区域创新的作用。区域创新系统是由相关企业和科研院所共同组成的一种对区域创新起促进作用的区域性组织[③]，政府和中介服务组织也会参与其中[④]。在区域创新系统中，创新型企业是主体，其他机构以创新型企业为中心参与到创新过程中，共同在区域经济中引入新要素或已有要素的新组合以及新的更为有效的资源配置方式，促进产业结构升级，实现区域经济跨越式发展。[⑤] 企业的创新网络以及支持性的政策和制度也是区域创新系统的重要组成部分，区域创新系统的主要功能是促进知识的生产、利用和传播，具有本地性、系统性、开放性和动态性等特点。[⑥]

---

① 参见刘洪涛、汪应洛《中国创新模式及其演进的实证研究》，载《科学学与科学技术管理》1996 年第 6 期，第 6 - 9 页。

② 参见［美］E. M. 罗杰斯《创新的扩散》（第五版），唐兴通等译，电子工业出版社 2016 年版。

③ Cooke P. "Regional Innovation Systems: Competitive Regulation in the New Europe". *Geoforum*, 1992, 10 (23), pp. 365 - 382.

④ 参见胡志坚、苏靖《区域创新系统理论的提出与发展》，载《中国科技论坛》1999 年第 6 期，第 21 - 24 页。

⑤ 参见顾新《区域创新系统的运行》，载《中国软科学》2001 年第 11 期，第 105 - 108 页。

⑥ 参见王缉慈等《创新的空间：产业集群与区域发展》，科学出版社 2019 年版，第 7 页。

# 第二节　产业集聚的研究

产业集聚是现代经济发展中的一种普遍现象，在国家、区域和城市经济发展中具有举足轻重的作用。在 20 世纪末，发达国家出现大量的产业集聚现象，如制造业在美国具有明显的集聚现象。① 近年来，发展中国家也普遍出现了产业集聚现象。② 学术界对产业集聚展开了广泛而深入的研究。③

## 一、产业集聚形成动因研究

最早的经济存在纯企业和纯市场两种组织形式，这两种组织形式会带来市场效率的损失，而企业之间建立长期的合作关系则可以在一定程度上避免这种效率损失④，这就是产业集聚产生和存在的必要性。当相同的产业在一定的地区进行专业化生产时就会产生外部经济⑤，这使得这一地区具有生产的相对优势，从而形成集聚区，而主导产业则是集聚区形成的关键。从微观层面来讲，除资本、土地、劳动力等因素之外，运输成本也是产业集聚的一个原因，企业要从集聚带来的成本节约方面考虑是否参与集

---

① Krugman P. *Geography and Trade*. Leuven：Leuven University Press，1991；Ellision G，Glaeser E L. "Geographic Concentration in U. S. Manufacturing Industries：A Dartboard Approach". Journal of Political Economy，1997，105（5），pp. 889 – 927.

② Guimaraes P，Figueiredo O，Woodward D. "Agglomeration and the Location of Foreign Direct Investment in Portugal". *Journal of Urban Economics*，2000，47（1），pp. 115 – 135；Clancy P，O'Malley E，O'Connell L，et al. "Industry Clusters in Ireland：An Application of Porter's Model of National Competitive Advantage to Three Sectors". *European Planning Studies*，2001，9（1），pp. 7 – 28.

③ 参见李扬《西部地区产业集聚水平测度的实证研究》，载《南开经济研究》2009 年第 4 期，第 144 – 151 页。

④ 参见［英］亚当·斯密《国富论》，郭大力、王亚南译，商务印书馆 2015 年版，第 35 页。

⑤ Marshall A. *Principles of Economics*. London：Macmillan，1890.

聚①，因为运输的距离、方向、运量和服务会影响产业区位的变化②。从企业联系的角度来讲，规模报酬、地方专业化和城市专业化会促使产业集聚的形成。③

如图2-1所示，新经济地理学在D-S垄断竞争模型基础上引入规模经济、不完全竞争和运输成本因素，构建了"中心—外围"模型（C-P模型），通过市场接近效应和生活成本效应产生的循环累积因果关系来解释产业集聚的形成。④克鲁格曼以D-S模型为基础，在区位理论中加入规模报酬递增和不完全竞争，构建了C-P模型，为从微观上对经济活动进行空间和区位分析奠定了基础，并从集聚力和分散力的角度详细阐述了集聚机制。⑤ Venables从运输成本和产业关联的角度来考察产业集聚。⑥ Fujita和Thisse提出了产业集聚的一般性分析框架，并对马歇尔外部性和竞争产生的集聚进行了详细阐述。⑦

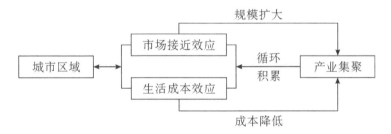

图2-1　新经济地理学C-P模型中产业集聚与城市区域的作用关系

---

① 参见［德］阿尔弗雷德·韦伯《工业区位论》，李刚剑等译，商务印书馆1997年版，第112-113页。

② 参见［美］艾德加·M·胡佛、［美］杰莱塔尼《区域经济学导论》，郭万清、汪明、孙冠群等译，上海远东出版社1992年版。

③ 参见［美］艾德加·M·胡佛、［美］杰莱塔尼《区域经济学导论》，郭万清、汪明、孙冠群等译，上海远东出版社1992年版。

④ 参见殷广卫《新经济地理学视角下的产业集聚机制研究》（博士学位论文），南开大学2011年，第62页。

⑤ Krugman P. *Geography and Trade*. Leuven：Leuven University Press，1991.

⑥ Venables A J. "Equilibrium Locations of Vertically Linked Industries". *International Economic Review*，1996，37（2），pp. 341-359.

⑦ Fujita M，Thisse J. "Economics of Agglomeration：Cities，Industrial Location，and Regional Growth". Cambridge：Cambridge University Press，2002，pp. 433-452.

　　Amiti 发现生产要素的成本差异促使厂商根据比较优势来选择生产区位，而产业垂直关联则会促使上下游企业集聚在一起。[1] 刘修岩、何玉梅指出地区产业专业化水平、市场潜能和地区要素禀赋会促进产业集聚。[2] 徐雷在新经济地理学 C - P 模型中加入独立的政府部门，分析了政府的制造业补贴对产业集聚的影响，证实了政府干预的存在，尤其是政府对制造业的补贴，降低了本地市场效应，提高了制造业的集聚力，使制造业更倾向于向一个地区集中。[3]

　　国外的研究结论比较分散，Arthue 认为产业集聚是产业在递增收益、路径依赖、历史积累和区位"锁定"下形成的结果。[4] Ellison 和 Glaeser 通过分解集聚指数，从企业生命周期角度研究了集聚的成因，他们认为企业的产生、扩张、收缩和消亡会对集聚产生影响，新企业产生并进行区位选择会削弱集聚，而企业消亡则会强化集聚。[5] Salvador 和 Eric 用 Ellison 和 Glaeser 的方法分析了 1972—1995 年欧盟 15 个成员国的集聚变动情况，发现是产业移动而非偶然事件引起了集聚水平的变化。[6]

　　国内学者也对产业集聚的成因进行了较多的研究，其中 FDI 对集聚的推动作用被广泛认可[7]。这是因为 FDI 所选择的行业及区位会使相应投资行业的生产在地理上集中[8]，FDI 在国内带动一个新产业产生后，还会继

----

　　① Amiti M. "Location of Vertically Linked Industries: Agglomeration Versus Comparative Advantage". *European Economic Review*, 2005, 49（4）, pp. 809 - 832.

　　② 参见刘修岩、何玉梅《集聚经济、要素禀赋与产业的空间分布：来自中国制造业的证据》，载《产业经济研究》2011 年第 3 期，第 10 - 19 页。

　　③ 参见徐雷《政府补贴、制造业集聚与产业转移——基于 C - P 模型的理论分析》，载《华东经济管理》2013 年第 9 期，第 83 - 87 页。

　　④ Arthue J. "External Trade in Developing Economies". *NBER*, *Working Paper*, 2001.

　　⑤ Ellison G, Glaeser E L. "Geographic Concentration in U. S. Manufacturing Industries: A Dartboard Approach". *Journal of Political Economy*, 1997, 105（5）, pp. 889 - 927.

　　⑥ Salvador B, Eric S. "Industry Mobility and Geographic Concentration in the European Union". *Economics Letters*, 2004, 82（1）, pp. 71 - 75.

　　⑦ 参见赵伟、张萃《FDI 与中国制造业区域集聚》，载《经济研究》2007 年第 11 期，第 82 - 90 页。

　　⑧ 参见张同升、梁进社、宋金平《中国制造业省区间分布的集中与分散研究》，载《经济地理》2005 年第 3 期，第 315 - 319、332 页。

续带动产业内的专业化分工并使其达到最优，最终促使地区产业集聚的形成①。然而，外资进入后是否能带动集聚的形成还会受到地区制度、外部效应以及外资企业与民营企业之间的融合方式与程度的影响②。同时，自然资源禀赋条件对行业生产的地域集中也有较大的影响③，资源禀赋差和交易成本高成为制造业地区聚集的制约因素④。

尽管产业集聚产生后会在因果循环累积作用机制下持续发展，但是仍然存在一些因素会使集聚的空间区位随时间而变化。这些动因包括自然资源⑤、人力资本⑥、运输费用⑦、运输条件改变⑧、竞争力量⑨、劳动力成本⑩和政策⑪等方面优势的敏感度。

———————————

① 参见徐康宁、陈奇《外商直接投资在产业集群形成中的作用》，载《现代经济探讨》2003 年第 12 期，第 3 - 7 页。

② 参见朱华晟《基于 FDI 的产业集群发展模式与动力机制——以浙江嘉善木业集群为例》，载《中国工业经济》2004 年第 3 期，第 106 - 112 页。

③ 参见张同升、梁进社、宋金平《中国制造业省区间分布的集中与分散研究》，载《经济地理》2005 年第 3 期，第 315 - 319、332 页。

④ 参见刘军、徐康宁《中国制造业地区聚集的决定因素研究》，载《科学学与科学技术管理》2008 年第 10 期，第 127 - 133 页。

⑤ 参见刘修岩、何玉梅《集聚经济、要素禀赋与产业的空间分布：来自中国制造业的证据》，载《产业经济研究》2011 年第 3 期，第 10 - 19 页。

⑥ 参见崔宇明、代斌、王萍萍《产业集聚的技术溢出效应研究——基于人力资本的门限非线性估计》，载《华中科技大学学报（社会科学版）》2013 年第 4 期，第 101 - 107 页。

⑦ 参见文玫《中国工业在区域上的重新定位和聚集》，载《经济研究》2004 年第 2 期，第 84 - 94 页。

⑧ 参见杨洪焦、孙林岩、吴安波《中国制造业聚集度的变动趋势及其影响因素研究》，载《中国工业经济》2008 年第 4 期，第 64 - 72 页。

⑨ 参见陈建军、黄洁、陈国亮《产业集聚间分工和地区竞争优势——来自长三角微观数据的实证》，载《中国工业经济》2009 年第 3 期，第 130 - 139 页。

⑩ 参见李立《我国物流产业集聚的影响因素及发展对策研究》，载《改革与战略》2016 年第 8 期，第 97 - 100 页。

⑪ 参见高小玲、梁威《中国制造业产业集聚发展效应及其形成机制研究》，载《研究与发展管理》2011 年第 5 期，第 92 - 100 页；徐雷《政府补贴、制造业集聚与产业转移——基于 C - P 模型的理论分析》，载《华东经济管理》2013 年第 9 期，第 83 - 87 页。

## 二、产业集聚的实证研究

### （一）产业集聚的测度

产业集聚现象是经济发展中的重要现象，它可以通过对可得的资料设计统计指标的计算来测算。世界各国的学者分别采用了不同的方法对产业集聚的存在进行了检验，采用的方法包含传统的区位商、空间基尼系数、因统计性能好而被广泛使用的 EG 指数以及最新的 DO 指数等，测算的对象涵盖了发达国家和地区以及发展中国家和地区。已有的实证文献分析了中国、日本、英国、美国等国家的产业集聚情况。[①]

从空间基尼系数来看，美国各州 106 个三位数行业中的大多数都存在集聚特点，不仅高科技行业（High-Tech Industries）存在较高的集聚水平，而且传统的低技术行业更倾向于在少数地方集聚。[②] 英国制造业也大都存在集聚现象，且集聚度较高的产业也不是高科技产业，而是纺织、皮革制品和造纸等非技术产业，英国的产业集聚范围一般为 0 ～ 50 公里，产业间集聚程度差距较大，同一产业的企业集聚模式相同。[③] 欧盟的产业专业化程度处于上升状态，上升幅度最大的是纺织业等劳动密集型产业，也包括汽车等一些技术密集型产业。[④] 值得一提的是，1980 年欧盟劳动密集型行业集聚程度最低，技术密集型行业早期是高度集中的，但随着时间推移，这些行业个别集聚度上升，个别集聚度下降。

---

① Batisse C. "Dynamic Externalities and Local Growth". *China Economic Review*, 2002, 13 (2), pp. 1 – 251; Tomiura E, "Changing Economic Geography and Vertical Linkages in Japan". *Journal of the Japanese & International Economies*, 2003, 17 (4), pp. 561 – 581; Crafts N, Mulatu A. "What Explains the Location of Industry in Britain, 1871 – 1931?". *Journal of Economic Geography*, 2005, 5 (4), pp. 499 –518; Kondo H. "International R&D Subsidy Competition, Industrial Agglomeration and Growth". *Journal of International Economics*, 2013, 89 (1), pp. 233 –251.

② Krugman P. *Geography and Trade*. Leuven: Leuven University Press, 1991.

③ Duranton G, Overman H G. "Exploring the Detailed Location Patterns of UK Manufacturing Industries Using Micro-geographic Data". *Journal of Regional Science*, 2008, (48), pp. 654 –672.

④ Amiti M. "New Trade Theories and Industrial Location in the EU: A Survey of Evidence". *Oxford Review of Economic Policy*, 1998, 15 (2), pp. 45 – 53.

### （二）中国制造业集聚的实证研究

目前，对我国制造业集聚的研究成为国内产业集聚研究的重点之一。研究主要存在两种观点：一种是地方保护主义对我国的地区专业化造成了严重的障碍，使我国具有较强的产业结构趋同①；另一种是，改革开放以来，我国的地区专业化程度和产业的集聚程度都在加强，制造业逐渐向沿海地区集聚②，而在近几年，由于沿海地区制造业产业集聚程度已比较高，很难再进一步提高，因此，经济相对较落后的地区积极承接外部产业转移，从而出现了明显的产业集聚度提高趋势③。可见，虽然大多数的研究发现改革开放以来，特别是 20 世纪 90 年代以来，我国的产业集聚度在逐渐提高，但是学术界对我国制造业集聚的变动情况并未取得一致的结论。因此，更多的学者针对我国制造业集聚特征进行了研究。大多数学者仍然认为，随着市场化改革的推进，我国制造业集聚程度在不断提高④，

---

① Young A. "The Razor's Edge：Distortions and Incremental Reform in the People's Republic of China". *Quarterly Journal of Economics*，2000，115（4），pp. 1091 – 1135；路江涌、陶志刚《中国制造业区域聚集及国际比较》，载《经济研究》2006 年第 3 期，第 103 – 114 页。

② Gao Ting. "Regional Industrial Growth：Evidence from Chinese Industries". *Regional Science and Urban Economics*，2004，34（1），pp. 101 – 124；范剑勇《市场一体化、地区专业化与产业集聚趋势——兼谈对地区差距的影响》，载《中国社会科学》2004 年第 6 期，第 39 – 51 页；文玫《中国工业在区域上的重新定位和聚集》，载《经济研究》2004 年第 2 期，第 84 – 94 页；白重恩、杜颖娟、陶志刚等《地方保护主义及产业地区集中度的决定因素和变动趋势》，载《经济研究》2004 年第 4 期，第 29 – 40 页。

③ 参见潘文卿、刘庆《中国制造业产业集聚与地区经济增长——基于中国工业企业数据的研究》，载《清华大学学报（哲学社会科学版）》2012 年第 1 期，第 137 – 147、161 页。

④ 参见吴学花、杨蕙馨《中国制造业产业集聚的实证研究》，载《中国工业经济》2004 年第 10 期，第 36 – 43 页；周明《制造业集聚程度变动趋势实证研究——以 20 个制造业为例》，载《科学学与科学技术管理》2008 年第 7 期，第 138 – 142 页；吴三忙、李善同《中国制造业地理集聚的时空演变特征分析：1980—2008》，载《财经研究》2010 年第 10 期，第 4 – 14、25 页；文东伟、冼国明《中国制造业产业集聚的程度及其演变趋势：1998—2009 年》，载《世界经济》2014 年第 3 期，第 3 – 31 页；谭清美、陆菲菲《Ellison – Glaeser 指数的修正方法及其应用——对中国制造业行业集聚的再测度》，载《技术经济》2016 年第 11 期，第 62 – 67 页。

部分制造业已显现出很强的集中性，且主要集中在我国东部沿海省市①，近年来促进产业扩散的离心力作用开始显现，部分制造业呈现由东部地区向其他地区转移的态势②，但中部区域的承接能力要强于其他区域③。而不同要素密集型产业具有不同的阶段性特征：劳动密集型、资本密集型制造业集聚的变动趋势大致呈倒"U"形曲线特征，而技术密集型则大致呈"M"形曲线特征。④罗勇、曹丽莉指出，我国制造业集聚变动趋势呈"U"形特征，集聚度在1993—1997年呈下降趋势，在1997—2003年呈上升趋势，总体来说，制造业集聚度呈现提高的趋势。集聚程度由高到低的行业分布依次为：技术密集型产业—资本密集型产业—劳动密集型产业。⑤唐晓华等发现，我国大多数制造业行业的集聚呈现倒"U"形演变趋势，即1997—2008年集聚水平上升，产业集聚拐点在2003—2008年出现，2009年之后制造业集聚水平呈现下降态势。结合二者的结论可以看出，我国制造业集聚程度变动趋势总体呈现倒"N"形特征，1993—1997年呈下降趋势，1997—2008年呈上升趋势，2009年之后呈下降趋势。⑥

　　① 参见吴学花、杨蕙馨《中国制造业产业集聚的实证研究》，载《中国工业经济》2004年第10期，第36-43页；周明《制造业集聚程度变动趋势实证研究——以20个制造业为例》，载《科学学与科学技术管理》2008年第7期，第138-142页；吴三忙、李善同《中国制造业地理集聚的时空演变特征分析：1980—2008》，载《财经研究》2010年第10期，第4-14、25页；关爱萍、冯星仑、张强《不同要素密集型制造业集聚特征及变动趋势——来自中国2000—2014年的经验证据》，载《华东经济管理》2016年第10期，第95-100页。
　　② 参见吴三忙、李善同《中国制造业地理集聚的时空演变特征分析：1980—2008》，载《财经研究》2010年第10期，第4-14、25页。
　　③ 参见关爱萍、冯星仑、张强《不同要素密集型制造业集聚特征及变动趋势——来自中国2000—2014年的经验证据》，载《华东经济管理》2016年第10期，第95-100页。
　　④ 参见关爱萍、冯星仑、张强《不同要素密集型制造业集聚特征及变动趋势——来自中国2000—2014年的经验证据》，载《华东经济管理》2016年第10期，第95-100页。
　　⑤ 参见罗勇、曹丽莉《中国制造业集聚程度变动趋势实证研究》，载《经济研究》2005年第8期，第106-115、127页。
　　⑥ 参见唐晓华、陈阳、张欣钰《中国制造业集聚程度演变趋势及时空特征研究》，载《经济问题探索》2017年第5期，第172-181页。

## 三、产业集聚对经济增长的影响

产业集聚的形成对产业竞争优势的发挥以及区域经济的发展起到重要的推动作用。在世界经济发展史上，产业集聚水平高的地区都是经济发展最快的地区。[①]

集聚与经济增长一直是互相依存的，各个领域的学者均证实了二者是高度相关的。[②] 学者们自 20 世纪 70 年代开始使用计量方法来研究外部性在经济增长中的作用。20 世纪 80 年代，新经济理论将知识外溢或"干中学"等外部性看作经济增长的长期动力，出现了大量研究文献，推动外部性与经济增长之间关系的理论研究框架走向成熟。[③] 但是，对于产业集聚是否会促进经济增长这一问题，学术界的观点并不一致，有许多学者赞同集聚会促进经济增长[④]，也有学者指出集聚并不能显著促进经济增长，甚至会阻碍经济增长[⑤]。

目前，学术界多采用直接法和间接法来对二者之间的关系进行研究。早期的研究多采用间接法从侧面考察集聚对经济增长的影响，如 Henderson 以城市化对高收入水平国家的影响来探讨二者之间的关系[⑥]，也有研究从技术本地化外溢的角度探讨了经济集聚和经济增长的关系[⑦]。

我国产业集聚与经济增长之间的关系也成为学者们关注的对象。我国

---

① 参见梁琦《产业集聚论》，商务印书馆 2004 年版。

② 参见刘修岩《集聚经济与劳动生产率：基于中国城市面板数据的实证研究》，载《数量经济技术经济研究》2009 年第 7 期，第 109 – 119 页。

③ Romer P M. "Increasing Returns and Long-Run Growth". *Journal of Political Economy*, 1986, 94 (5), pp. 1002 – 1037; Grossman G M, Helpman E. "Quality Ladders in the Theory of Growth". *Review of Economic Studies*, 1991, 58 (1), pp. 43 – 61.

④ Fujita M, Thisse J. *Economics of Agglomeration：Cities, Industrial Location, and Regional Growth*. Cambridge：Cambridge University Press, 2002, pp. 433 – 452.

⑤ Sbergami F. "Agglomeration and Economic Growth：Some Puzzles". *IHEID Working Papers*, 2002.

⑥ Henderson V. "The Urbanization Process and Economic Growth：The So-What Question". *Journal of Economic Growth*, 2003, 8 (1), pp. 47 – 71.

⑦ Feldman M P, Audretsch D B. "Innovation in Cities：Implications for Innovation". *European Economic Review*, 1999, 43 (2), pp. 409 – 429.

产业集聚与经济增长之间存在高度的正相关[1]，产业集聚对经济增长的弹性为 8.8%，显著高于欧美国家的 5% 左右的水平[2]。专业化已经成为我国区域经济增长的重要力量[3]，城市专业化水平对非农生产率存在着显著正影响[4]。但是，并不是所有的研究都显示二者存在正向关系，薄文广考察了多个外部性对经济增长的影响，结果发现专业化抑制了经济增长，多样化和产业竞争有利于产业的增长。[5] 谢品等则发现产业集聚与经济增长之间呈倒 "U" 形关系，过度集聚导致垄断损害了经济增长，并运用新地理经济学的相关理论分析拐点出现的原因。[6] 张丽华等认为集聚经济的作用会随着产业生命周期的变化而变化，在产业成长阶段和衰退阶段，地方化经济会产生明显的负向作用，而在产业成熟阶段则存在正效应。[7]

## 第三节　关于区域创新的研究

20 世纪初，熊彼特提出了"创新"这一概念，并形成创新理论。Cooke 最早开始区域创新的研究，他指出，在企业生存和发展过程中，企业之间会不断地相互学习以进行自身改革，从而获得良性发展，区域创新

---

① 参见罗勇、曹丽莉《中国制造业集聚程度变动趋势实证研究》，载《经济研究》2005 年第 8 期，第 106 – 115、127 页；张艳、刘亮《经济集聚与经济增长——基于中国城市数据的实证分析》，载《世界经济文汇》2007 年第 1 期，第 48 – 56 页；刘佳、赵金金、张广海《中国旅游产业集聚与旅游经济增长关系的空间计量分析》，载《经济地理》2013 年第 4 期，第 186 – 192 页。

② 参见范剑勇《产业集聚与地区间劳动生产率差异》，载《经济研究》2006 年第 11 期，第 72 – 81 页。

③ 参见蒋媛媛《中国地区专业化促进经济增长的实证研究：1990—2007 年》，载《数量经济技术经济研究》2011 年第 10 期，第 3 – 20 页。

④ 参见刘修岩《集聚经济与劳动生产率：基于中国城市面板数据的实证研究》，载《数量经济技术经济研究》2009 年第 7 期，第 109 – 119 页。

⑤ 参见薄文广《外部性与产业增长——来自中国省级面板数据的研究》，载《中国工业经济》2007 年第 1 期，第 37 – 44 页。

⑥ 参见谢品、李良智、赵立昌《江西省制造业产业集聚、地区专业化与经济增长实证研究》，载《经济地理》2013 年第 6 期，第 103 – 108 页。

⑦ 参见张丽华、陈伟忠、林善浪《我国制造业集聚经济动态性研究：基于产业生命周期的视角》，载《产业经济研究》2013 年第 3 期，第 23 – 34 页。

则使企业之间的这种相互关系超脱企业自身，涉及政府、金融机构、研究所、大学等组织，形成区域创新系统。① 近年来，区域创新能力研究取得了飞速发展。

## 一、区域创新能力的界定

国内外学者从不同视角对区域创新能力进行了界定。

从区域创新系统角度讲，Foss 认为区域创新能力源于企业内部网络及企业间的内在联系。② 相似地，Cooke 认为区域创新能力源于企业以及企业与研究机构之间的互动，而且在其中融入了社会资本和文化等因素。③ Tura 和 Harmaakorpi 将区域创新能力看作能够将经济、社会、智力等资源进行应用且使其有效结合的能力。④

从资源整合的视角讲，Dosi 和 Teece 认为创新能力是个体通过感知环境变化来发掘、整合资源，进行创新以培育竞争力的能力。⑤ 甄峰等将区域创新能力定义为利用现代信息和通信技术在社会生产中纳入知识、技术和信息的能力。⑥ 吴海林认为创造性集成生产要素的能力是区域创新能力。⑦

从创新的结果讲，Lall 认为吸收并掌握所需技能和知识并用以提升自

①　Cooke P. "Regional Innovation Systems: Competitive Regulation in the New Europe". *Geoforum*, 1992, 23 (3), pp. 365 – 382.

②　Foss N J. "Higher-Order Industrial Capabilities and Competitive Advantage". *Industry Studies*, 1996, 3 (1), pp. 1 – 2.

③　Cooke P. "Regional Innovation Systems, Clusters and the Knowledge Economy". *Industrial and Corporate Change*, 2001, 10 (4), pp. 945 – 975.

④　Tura T, Harmaakrpi V. "Social Capital in Building Regional Innovative Capability". *Regional Studies*, 2005, 39 (8), pp. 1111 – 1125.

⑤　Dosi U, Teece D J. *Technology, Organization, and Competitiveness: Perspectives on Industrial and Corporate Change*. Oxford: Oxford University Press, 1998, pp. 17 – 66.

⑥　参见甄峰、黄朝永、罗守贵《区域创新能力评价指标体系研究》，载《科学管理研究》2000 年第 6 期，第 5 – 8 页。

⑦　参见吴海林《中国科技园区域创新能力理论分析框架》，载《经济学家》2003 年第 1 期，第 106 – 111 页。

身技术水平的能力为创新能力。① Furman 等认为区域创新能力是区域长期产生新技术并将其应用到生产中的能力。② 黄鲁成将区域创新能力定义为一个地区以技术能力为基础将知识转化为新产品、新工艺、新服务的能力。③

另外，从创新的特性方面讲，学者们认为区域创新能力与经济和制度环境具有相关性，存在高度异质性，几乎不可能在别的地区以同样的方式进行复制。④

## 二、区域创新能力评价

创新能力是复杂的系统性表述，因此，对区域创新能力的评价方法主要是指标体系法。对区域创新能力进行评价的基础是选取科学、全面、准确的评价指标，目前，指标的选取分为单指标和多指标体系两种类型。

单指标主要包括专利、R&D 投入、专利引用和新产品等。Hagedoorn 和 Cloodt 对这四个指标的关系进行了分析，指出可用其中任何一个来对区域创新能力进行评价，它们之间并无系统性差别。⑤

在国外的研究中，最具代表性的区域创新能力多指标体系主要有以下五种。

一是 Porter 和 Stern 的《创新指标》。他们将基础设施强度（R&D 投入、经济发展水平、市场化程度等）、创新环境（投资强度等）以及二者的相关程度（大学及研究机构的开发应用水平）纳入创新评价指标体系，

---

① Lall S. "Technological Capabilities and Industrialization". *World Development*，1992，20（2），pp. 55 –61.

② Furman J L，Porter M E，Stern S. "The Determinants of National Innovative Capacity". *Research Policy*，2000，31（6），pp. 899 –933.

③ 参见黄鲁成《关于区域创新系统研究内容的探讨》，载《科研管理》2000 年第 2 期，第 43 –48 页。

④ Lawson C. "Towards a Competence Theory of the Region". *Cambridge Journal of Economics*，1999，23（2），pp. 151 –166；Romijn H，Albu M. "Innovation，Networking and Proximity：Lessons from Small High Technology Firms in the UK". *Regional Studies*，2002，36（1），pp. 81 –86.

⑤ Hagedoorn J，Cloodt M. "Measuring Innovative Performance：Is There an Advantage in Using Multiple Indicators? ". *Research Policy*，2003，32（8），pp. 1365 –1379.

来评价美国的创新能力。

二是世界经济论坛（WEF）的《全球竞争力报告》。主要包括技术转移（进出口）、技术扩散指数（通信设备使用率）和创新能力（高校入学率、专利）指标。该报告从现有和增长两个方面评价竞争力，单独评价了创新潜力，符合学者们对区域创新能力内涵的理解，因而十分值得借鉴。

三是瑞士洛桑国际管理发展学院（IMD）的《世界竞争力年鉴》。主要包括经济绩效（经济发展水平、进出口、就业率等）、政府效率（财政政策、社会架构、制度结构、商业法律法规等）、商业效率（劳动力市场、生产率等）和基础设施（基本基础设施、科学技术基础设施、教育卫生环境等）四大部分。该年鉴是连续发布的，可以对参与评价的国家进行历时性对比，因此，国内政府工作人员和学者们对它的引用率较高。

四是联合国开发计划署发布的《人类发展报告》。该报告利用技术创造（技术转让、专利）、已有技术扩散（电耗）、新技术扩散（技术出口额）、人类技能（教育水平）来构造技术成就指数。

五是由经济合作与发展组织和欧盟统计署联合开发的《奥斯陆手册》。该手册以识别区域对产业发展和创新有促进作用的因素为基础来理解创新过程，指标包括创新投入（如创新动力、知识创造等）、创新产出（如知识产权和创新应用）。

国内学者对区域创新能力的研究较晚，对其评价指标体系的设计和研究也较晚，由于学术界对区域创新能力的内涵尚没有统一，因此各指标体系在指标的选取上存在着较大的差异。总的来说，我国比较成熟的区域创新能力评价指标体系包括《中国区域创新能力监测报告》《中国区域科技创新评价报告》《中国区域创新能力评价报告》《中国创新指数研究》和《国家创新指数报告》中的指标体系，这些报告多由政府部门发布，具有一定的权威性。

国家科技部每年对我国区域创新能力进行监测，并将监测成果发布于《中国区域创新能力监测报告》。该报告中的指标体系包括企业创新、创新资源、创新环境、创新产出和创新绩效 5 个一级指标和 124 个二级指标，用以评价我国 31 个省区市的创新活动特征。

20 世纪 90 年代，国家科学技术委员会开始对我国的科技进步进行统计监测和综合评价，并于 1997 年正式发布监测和评价报告，其间两次更名，最终形成《中国区域科技创新评价报告》，现由中国科学技术发展战略研究院负责发布。该报告的指标体系包括高新技术产业化、科技促进经济社会发展、科技创新环境、科技活动投入和科技活动产出 5 个一级指标，12 个二级指标和 38 个三级指标。

2001 年开始，以柳卸林为代表的中国科学技术发展战略研究小组开始对我国的区域创新能力进行研究，并于 2002 年开始发布《中国区域创新能力评价报告》。他们以知识创造能力、知识获取能力、企业创新能力、创新环境、创新绩效 5 项内容作为一级指标，下设 20 个二级指标、40 个三级指标以及 137 个具体指标来建立区域创新能力评价指标体系，利用专家打分法设定权重对我国区域创新能力进行评价。该报告的指标体系在国内权威性较强，为大多数学者所认可。但是，专家打分法具有较强的主观性，因而评价有一定的局限性。

以 2005 年为基期，国家统计局社会科技和文化产业统计司"中国创新指数（CII）研究"课题组对我国区域创新能力指标体系和评价方法进行设计，并自 2013 年开始每年发布《中国创新指数研究》，其指标体系包括创新投入指数、创新产出指数、创新环境指数和创新绩效指数 4 个一级指标和 21 个二级指标。

2011 年，中国科学技术发展战略研究院开始发布《国家创新指数报告》，该报告的评价对象是世界范围内科技创新活动最为活跃的 40 个国家，是针对国家层面的创新调查报告。该报告的指标体系包括知识创造、创新资源、企业创新、创新环境、创新绩效 5 个一级指标，30 个二级指标。

国内较成熟的区域创新评价指标体系汇总见表 2 - 1。

表 2 - 1　国内较成熟的区域创新评价指标体系汇总

| 名称 | 机构 | 评价对象 | 主要指标 |
| --- | --- | --- | --- |
| 《中国区域创新能力监测报告》 | 国家科技部 | 全国 31 个省区市 | 企业创新、创新资源、创新环境、创新产出和创新绩效 5 个一级指标以及大专以上学历人数、R&D 经费支出等 124 个二级指标 |

续表 2 - 1

| 名称 | 机构 | 评价对象 | 主要指标 |
| --- | --- | --- | --- |
| 《中国区域科技创新评价报告》 | 中国科学技术发展战略研究院 | 全国 31 个省区市 | 高新技术产业化、科技促进经济社会发展、科技创新环境、科技活动投入和科技活动产出 5 个一级指标，下设 12 个二级指标、38 个三级指标 |
| 《中国区域创新能力评价报告》 | 中国科技发展战略研究小组 | 全国 31 个省市区 | 知识创造能力、知识获取能力、企业创新能力、创新环境、创新绩效 5 项内容为一级指标，下设 20 个二级指标、40 个三级指标以及 137 个具体指标 |
| 《中国创新指数研究》 | 国家统计局 | 中国 | 创新投入指数、创新产出指数、创新环境指数和创新绩效指数 4 个一级指标和 21 个二级指标 |
| 《国家创新指数报告》 | 中国科学技术发展战略研究院 | 全球 40 个创新活跃国家 | 知识创造、创新资源、企业创新、创新环境以及创新绩效 5 个一级指标，R&D 人员投入强度、R&D 经费投入强度等 30 个二级指标 |

国内学者也对区域创新能力进行了大量的研究，提出了不同的区域创新能力评价指标体系。甄峰等人属于国内最早研究区域创新的代表，他们认为创新应该包括知识创新、技术创新、知识传播、知识应用等内容，并从知识创新能力（知识应用及产出能力）、技术创新能力（技术开发能力）、管理与制度创新和宏观经济（社会环境）四个方面创建区域创新能力评价指标体系，对我国沿海十大主要省市的区域创新能力进行了评价。[①] 周立、吴玉鸣利用《中国区域创新能力发展报告》的指标体系，使

---

① 参见甄峰、黄朝永、罗守贵《区域创新能力评价指标体系研究》，载《科学管理研究》2000 年第 6 期，第 5 - 8 页。

用因素分析法对指标进行降维，代替专家打分法获取指标权重，使权重的获取变得更加客观，然后利用聚类分析方法分析评价了我国省级地区的区域创新能力。[①] 陈劲等以一个地区生产出与商业相关的创新流潜能来定义区域创新，在区域创新能力评价指标体系中加入知识流动能力，以科技合作和技术转移来表征，并用新的指标体系对我国区域创新能力进行了评价。[②]

而分析指标体系的主要方法有层次分析法[③]、主成分分析法[④]、因子分析法[⑤]、聚类分析法[⑥]、熵权法[⑦]、灰色系统理论和客观赋权法[⑧]、回归

---

[①] 参见周立、吴玉鸣《中国区域创新能力：因素分析与聚类研究——兼论区域创新能力综合评价的因素分析替代方法》，载《中国软科学》2006 年第 8 期，第 97 页。

[②] 参见陈劲、陈钰芬、余芳珍《FDI 对促进我国区域创新能力的影响》，载《科研管理》2007 年第 1 期，第 7 - 13 页。

[③] 参见魏阙、戴磊《吉林省区域创新能力评价指标体系研究》，载《科研管理》2015 年第 S1 期，第 22 - 28 页；赵炎、徐悦蕾《上海市区域创新能力评价》，载《科研管理》2016 年第 4 期，第 490 页。

[④] 参见范柏乃、房定坚《国家高新区投资软环境评价指标的理论遴选与实证筛选》，载《自然辩证法通讯》2004 年第 5 期，第 57 - 63、111 页；王晓光、方娅《基于产业集群的哈大齐工业走廊区域创新能力评价》，载《科技进步与对策》2010 年第 10 期，第 100 - 103 页；李冻菊《区域创新能力与经济增长质量的关系——以河南省为例》，载《社会科学家》2013 年第 7 期，第 67 - 72 页；徐永智、衣保中《中国东部各省市区域创新能力评价》，载《黑龙江社会科学》2017 年第 1 期，第 82 - 85 页。

[⑤] 参见罗发友、刘伶俐、刘友金《产业发展水平与科技创新能力的相关性》，载《统计与决策》2002 年第 12 期，第 19 - 20 页；吴显英《区域技术创新能力评价中的因子分析》，载《哈尔滨工程大学学报》2003 年第 2 期，第 233 - 236 页；任胜钢、彭建华《基于因子分析法的中国区域创新能力的评价及比较》，载《系统工程》2007 年第 2 期，第 87 - 92 页；Mikel B, Joost H, Thomas B. "Regional Systems of Innovation and the Knowledge Production Function: the Spanish Case". *Technovation*, 2006, 26 (4), pp. 463 - 472。

[⑥] 参见魏彦莉《区域创新能力理论分析与实证应用研究》(硕士学位论文)，河北工业大学2002 年，第 19 页；邵云飞、唐小我、陈光《中国区域技术创新能力的聚类实证分析》，载《中国软科学》2003 年第 5 期，第 113 - 118 页；官建成、刘顺忠《区域创新系统测度的研究框架和内容》，载《中国科技论坛》2003 年第 2 期，第 24 - 26 页。

[⑦] 参见徐建中、王纯旭《基于二象对偶与熵权法的区域高技术产业创新系统协同度测度研究》，载《理论探讨》2016 年第 4 期，第 164 - 167 页。

[⑧] 参见罗文《互联网产业创新系统及其效率评价研究》(博士学位论文)，北京交通大学2014 年，第 59 页。

分析法①、生产函数法②或者其中几种方法的结合③。

## 三、区域创新能力的影响因素

对区域创新能力的影响因素及作用机制的研究，大体来看主要集中在 R&D 经费及人员投入、FDI、产业集群、创新环境四个方面。其中，多数影响因素的研究结论较为一致，但关于 FDI 对区域创新能力影响的研究结果差异较大。

（1）R&D 经费及人员投入。R&D 经费及人员投入对区域创新能力产生直接的正向影响④，但是研发经费的不同来源对区域创新能力的影响程度存在一定的差异⑤。而芮雪琴等研究发现，聚集规模与区域创新能力之间不存在互动关系，区域创新能力的提升有助于人才的聚集，但人才聚集并不一定能带来区域创新能力的提升，科技人才聚集效应与区域创新能力之间呈现螺旋上升的态势。⑥ 此外，Stern 认为影响区域创新能力的最重要因素是 R&D 存量，并认为其与来源无关，政府和企业的创新资金投入均

---

① 参见章立军《区域创新环境与创新能力的系统性研究——基于省际数据的经验证据》，载《财贸研究》2006 年第 5 期，第 1 - 9 页；Quatraro F. "The Diffusion of Regional Innovation Capabilities：Evidence From Italian Patent Data". *Regional Studies*，2009，43（10），pp. 1333 - 1348。

② 参见陈凯华、官建成《中国区域创新系统功能有效性的偏最小二乘诊断》，载《数量经济技术经济研究》2010 年第 8 期，第 18 - 32、60 页。

③ 参见周立、吴玉鸣《中国区域创新能力：因素分析与聚类研究——兼论区域创新能力综合评价的因素分析替代方法》，载《中国软科学》2006 年第 8 期，第 97 页；孙锐、石金涛《基于因子和聚类分析的区域创新能力再评价》，载《科学学研究》2006 年第 6 期，第 985 - 990 页；傅利平、王向华、王明海《区域创新系统绩效评价模型研究——基于知识生产函数和主成分分析》，载《苏州大学学报（哲学社会科学版）》2011 年第 5 期，第 111 - 116、192 页；巴吾尔江、董彦斌、孙慧等《基于主成分分析的区域科技创新能力评价》，载《科技进步与对策》2012 年第 12 期，第 26 - 30 页；吴汉利、汪海霞《我国西部地区区域自主创新能力评价研究》，载《科技管理研究》2014 年第 1 期，第12 - 15 页。

④ 参见王宇新、姚梅《空间效应下中国省域间技术创新能力影响因素的实证分析》，载《科学决策》2015 年第 3 期，第 72 - 81 页。

⑤ 参见王锐淇、张宗益《区域创新能力影响因素的空间面板数据分析》，载《科研管理》2010 年第 3 期，第 17 - 26、60 页。

⑥ 参见芮雪琴、李环耐、牛冲槐等《科技人才聚集与区域创新能力互动关系实证研究——基于 2001—2010 年省际面板数据》，载《科技进步与对策》2014 年第 6 期，第 23 - 28 页。

能帮助产生新产品或新的生产方式，进而影响创新能力的边际产出，而 FDI 的影响不显著，但该研究仅依靠专利数替代区域创新能力进行分析。[1]

（2）外商直接投资。FDI 对促进东道国，尤其对发展中国家的经济发展和技术进步具有重要推动作用，但其对创新能力的推动仅仅针对科技创新部分，其对管理创新和制度创新部分难以量化。[2] 从 FDI 对区域创新发展的实证角度却难以验证这一观点，研究结果有较大出入。陈劲等认为 FDI 的流入对国内企业产生的技术外溢效应并非普遍认为的呈显著状态。[3] 相关学者针对相关结论出现差异的原因进行分析，桑瑞聪、岳中刚将专利进行分类研究，结果表明 FDI 的技术溢出效应在外观设计和实用新型方面较为显著，在发明专利的授权方面较弱。[4] 刘和东发现，短期内 FDI 的技术外溢正向效果明显，而长期内 FDI 的技术溢出效应不显著。[5]

（3）产业集群。产业集群的发展使得创新的研究向区域的层面不断倾斜，是区域创新系统研究的理论源泉之一。Marshall、Porter 早年的研究均认为区域创新与产业密集有着密切联系。[6] 产业集群可以提供良好的创新氛围，有利于知识的转移和扩散、降低创新成本，进而对区域创新能力产生正向影响[7]，区域内企业的创新能力往往取决于其所处集群的网络状况和合作水平[8]。而有的学者则认为地方产业集群因其内部的固化会对创

① Stern E. "Ongoing and Participative Evaluation: Purpose, Design and Role in the Evaluation of a Large-Scale R&D Programme". *Research Evaluation*, 1993, 3（2）, pp. 75 – 82.

② 参见王三兴、熊凌《FDI 与区域创新能力——基于省市面板数据的经验研究》，载《山西财经大学学报》2007 年第 5 期，第 32 – 37 页。

③ 参见陈劲、陈钰芬、余芳珍《FDI 对促进我国区域创新能力的影响》，载《科研管理》2007 年第 1 期，第 7 – 13 页。

④ 参见桑瑞聪、岳中刚《外商直接投资与区域创新能力——基于省际面板数据的实证研究》，载《国际经贸探索》2011 年第 10 期，第 40 – 45 页。

⑤ 参见刘和东《区域创新内溢外溢与空间溢出效应的实证研究》，载《科研管理》2013 年第 1 期，第 28 – 36 页。

⑥ 参见鲁钊阳、廖杉杉《FDI 技术溢出与区域创新能力差异的双门槛效应》，载《数量经济技术经济研究》2012 年第 5 期，第 75 – 88 页。

⑦ 参见陈柳钦《产业集群与区域创新体系互动分析》，载《重庆大学学报（社会科学版）》2005 年第 6 期，第 1 – 10 页。

⑧ 参见黄晓治、曹鑫：《产业集群与区域创新能力提升——基于结构、行为、绩效的分析》，载《经济问题探索》2006 年第 12 期，第 31 – 37 页；周泯非、魏江《产业集群创新能力的概念、要素与构建研究》，载《外国经济与管理》2009 年第 9 期，第 9 – 17 页。

新活动起到阻碍的作用①，这种阻碍是因行业的不同而产生的，高技术产业和传统产业的聚集对区域创新有正向影响，但资源依赖型产业的聚集对人力资本投入和技术创新投入产生挤出效应，将抑制区域创新的发展②。

（4）创新环境。区域创新环境是指有益于各创新主体发挥创新精神、推动产业体系的创新活动获得成功的各种因素和条件。创新环境是创新的"温床"或"孵化器"，对创新的产生具有决定性作用，区域创新能力与研究制度、教育制度、技术转移制度密切相关，其发展依赖于区域抉择能力和政策环境。③创新环境包含的内容纷繁复杂，是区域创新能力评价体系中指标选取最为多样的方面，其相关的研究结论也不尽相同。Porter 和 Stern 认为，创新能力取决于创新基础设施、特定集群的创新环境以及公用创新基础设施与特定集群之间的互动质量。④党文娟等从政府和市场两个角度分析区域创新环境，认为我国政府对提高区域整体创新能力的影响的作用还不显著，而市场化的作用则极为明显，不过，政府在促进自主创新能力和增强原创性的发明专利上有着独特优势。⑤王郁蓉和师萍以 2014 年《中国区域创新能力报告》的数据为基础，通过相关分析法发现我国创新环境与创新绩效之间存在正向相关性。⑥薛捷研究发现，良好的创新环境对企业的探索性学习有着显著的正向影响。⑦张慧、彭璧玉的研究也

---

① Nooteboom B，Gilsing V A．"Density and Strength of Ties in Innovation Networks：A Competence and Governance View"．*Social Science Electronic Publishing*，2004，2（3），pp. 179 – 197.

② 参见刘军、李廉水、王忠《产业聚集对区域创新能力的影响及其行业差异》，载《科研管理》2010 年第 6 期，第 191 – 198 页。

③ 参见汪继年《论区域创新环境及其对创新型产业的作用机制》，载《发展》2007 年第 9 期，第 138 – 140 页。

④ Porter M，Stern S．"Measuring the Ideas Production Function：Evidence from International Patent Output"．*NBER Working Paper*，2000.

⑤ 参见党文娟、张宗益、康继军《创新环境对促进我国区域创新能力的影响》，载《中国软科学》2008 年第 3 期，第 52 – 57 页。

⑥ 参见王郁蓉、师萍《创新环境对创新力和创新绩效的作用机制与对策研究》，载《科学管理研究》2015 年第 5 期，第 17 – 20 页。

⑦ 参见薛捷《区域创新环境对科技型小微企业创新的影响——基于双元学习的中介作用》，载《科学学研究》2015 年第 5 期，第 782 – 791 页。

发现，良好的创新环境能够显著增强企业的创新行为。[1]

## 四、创新能力的形成机理

鉴于区域创新能力在经济生活中的重要作用，一些学者对区域创新能力的形成机理展开了研究。

国内外目前关于区域创新能力形成机理的研究多遵循内生增长理论、产业集群理论、国家创新理论以及国家创新能力理论。其中，以内生增长理论为基础的研究认为知识资本、R&D 的效率及质量对创新的形成具有重要作用，其强调创新基础[2]；以产业集群理论为基础的研究注重产业结构、市场需求和产业集聚等具体因素对区域创新能力的影响[3]；以国家创新理论为基础的研究则从创新环境的角度入手，强调制度以及区域创新政策的重要性，注重产学研合作分析[4]；以国家创新能力理论为基础的研究则强调创新基础、产学研合作质量以及产业集群创新环境在区域创新能力

---

[1] 参见张慧、彭璧玉《创新行为与企业生存：创新环境、员工教育重要吗》，载《产业经济研究》2017 年第 4 期，第 30 - 40 页。

[2] 参见陈武、常燕《智力资本对区域创新能力的影响机理研究》，载《技术经济》2011 年第 7 期，第 1 - 8 页；周小明《高技术产业集群知识溢出及其对区域创新能力影响的实证研究》博士学位论文，天津大学，2013 年，第 99 - 108 页；Lau A K W，Lo W. "Regional Innovation System，Absorptive Capacity and Innovation Performance：An Empirical Study". *Technological Forecasting & Social Change*，2015，92（3），pp. 99 - 114.

[3] 参见刘强、范爱军《基于空间异质性的区域创新技术扩散规律研究》，载《统计与决策》2014 年第 2 期，第 97 - 101 页；魏守华等《区域创新能力的影响因素——兼评我国创新能力的地区差距》，载《中国软科学》2010 年第 9 期，第 76 - 85 页；王伟光等《产业创新网络中核心企业控制力能够促进知识溢出吗?》，载《管理世界》2015 年第 6 期，第 99 - 109 页。

[4] 参见陈劲、陈钰芬、余芳珍：《FDI 对促进我国区域创新能力的影响》，载《科研管理》2007 年第 1 期，第 7 - 13 页；Fritsch M，Slavtchev V. "Universities and Innovation in Space". *Industry and Innovation*，2007，14（2），pp. 201 - 218；Ferrary M，Granovetter M. "The Role of Venture Capital Firms in Silicon Valley's Complex Innovation Network". *Economy and Society*，2009，38（2），pp. 326 - 359.

形成中的重要作用①。一些研究从某一种理论出发解读区域创新能力的形成机理和影响因素，如 Riddel 和 Schwer 以及 Mathews 和 Hu 从内生理论出发解释了知识资本在区域创新能力形成中的作用②，我国学者江兵等、邵云飞和谭劲松以及陈武等也认为知识是区域创新能力的重要因素，知识资本是区域创新能力形成的重要条件③；Isaksen、Cassiman 和 Veugelers 等则坚持产业集群理论，认为产业集聚带来的优势会促进区域创新能力的形成④，陈丹宇也认为产业集群环境、创新基础设施以及创新网络是区域创新能力形成的重要因素⑤；徐占忱、郝莹莹等则遵循国家创新理论，强调创新政策在区域创新能力形成中的重要性，并借鉴西方发达国家的政策经验为我国的创新政策提出了设计意见⑥。还有一些研究则是综合几种理论，强调综合作用对区域创新能力形成的影响，如 Furman 等、Furman 和 Hayes 的研究将创新基础设施、知识资本、政策环境及产学研合作看作区域创新能力形成的重要影响因素，并进一步分析了它们在区域创新能力形

---

① Hill C W L. *International Business*: *Competing in the Global Market Place* (8e). New York: McGraw-Hill Education Press, 2011; Camagni R, Capello R. "Regional Innovation Patterns and the EU Regional Policy Reform: Toward Smart Innovation Policies". *Growth & Change*, 2013, 38 (2), pp. 355 – 389.

② Riddel M, Schwer R K. "Regional Innovative Capacity with Endogenous Employment: Empirical Evidence from the U. S. ". *The Review of Regional Studies*, 2003, 33 (1), pp. 73 – 84; Mathews J A, Hu M C, "Enhancing the Role of Universities in Building National Innovative Capacity in Asia: The Case of Taiwan". *World Development*, 2007, 35 (6), pp. 1005 – 1020.

③ 参见江兵、杨蕾、杨善林《区域创新系统理论与结构模型》，载《合肥工业大学学报（社会科学版）》2005 年第 1 期，第 33 – 39 页；邵云飞、谭劲松《区域技术创新能力形成机理探析》，载《管理科学学报》2006 年第 4 期，第 1 – 11 页；陈武、何庆丰、王学军《基于智力资本的区域创新能力形成机理——来自我国地级市样本数据的经验证据》，载《软科学》2011 年第 4 期，第 1 – 7 页。

④ Isaksen A. "Building Regional Innovation Systems: Is Endogenous Industrial Development Possible in the Global Economy?". *Canadian Journal of Regional Science*, 2001, 24 (1), pp. 101 – 120; Cassiman B, Veugelers R. "In Search of Complementarity in Innovation Strategy: Internal R&D and External Knowledge Acquisition". *Management Science*, 2006, 52 (1), pp. 68 – 82.

⑤ 参见陈丹宇《基于效率的长三角区域创新网络形成机理》，载《经济地理》2007 年第 3 期，第 370 – 374 页。

⑥ 参见徐占忱《OECD 国家集群创新政策实践及其启示》，载《工业技术经济》2007 年第 1 期，第 23 – 25 页；郝莹莹、杜德斌、智瑞芝《R&D 政策及其空间效应——欧盟经验与借鉴意义》，载《科学学与科学技术管理》2007 年第 3 期，第 36 – 40 页。

成过程中的作用和影响①。

# 第四节　产业集聚与区域创新的关系

最早涉及产业集聚与创新的关系的是马歇尔的经典集聚理论。马歇尔认为，集聚的形成是因为外部性的存在，而与此同时，产业集聚区内企业的外溢效应对企业创新有重要的推动作用，因此，他将劳动力共享、中间投入品和技术外溢归结为产业集聚形成的原因。熊彼特关于创新的研究从一开始就是与产业集聚联系在一起的。他认为，产业集聚有助于创新，同时，创新也有助于产业集聚，创新并不是企业的孤立行为，它需要企业间的相互合作和竞争，需要企业集聚才得以实现。他还认为，创新不是孤立事件，也并非在时间上均匀地分布，而是相反，它们趋于集群。其原因主要在于，在创新成功之后，首先是一些企业，接着是大多数企业会紧随其后，不断跟进；此外，创新不是随机地分布于整个经济系统，而是倾向于集中在某些部门及其邻近部门。熊彼特虽然说明了创新的集聚现象，但没有深入分析创新集聚的成因，也没有进一步研究集聚对创新的影响。直到20世纪90年代，学术界才又重新关注创新集聚的观点并试图给予解释。目前，关于产业集聚对区域创新的影响，学术界的研究主要集中于三个方面。

## 一、产业集聚对区域创新的影响机制研究

集聚能够促进知识等创新要素的传播和扩散，并且可以通过集聚中的企业之间的生产关联对创新产生影响②，同时也能够促进集聚区内企业创

---

① Furman J L, Porter M E, Stern S. "The Determinants of National Innovative Capacity". Research *Policy*, 2000, 31 (6), pp. 899 –933; Furman J L, Hayes R. "Catching Up or Standing Still?: National Innovative Productivity among 'Follower' Countries, 1978—1999". *Research Policy*, 2004, 33 (9), pp. 1329 –1354.

② Dijk M, Soltan S. "Palestinian Clusters: From Agglomeration to Innovation". *European Scientific Journal*, 2017, 13 (13), pp. 323 –336.

新成果的扩散①，提高创新能力②。产业集聚不仅能够为创新提供更加专业化的劳动力和中间投入品等创新要素，提升区域创新能力③，更能带来技术和知识的溢出，为企业创造一个良好的创新环境④。同时，产业集聚能够加强集聚区内企业的竞争⑤、交流与合作，为企业搭建良好的创新平台⑥，从而对企业的技术创新起到激励和促进作用。Pinch 等指出，产业集聚会促使企业经验等非编码知识转变为易于传播的编码知识，提升知识和技术的传播速度，提高区域创新能力。⑦ 国内学者在分析产业集聚对区域创新的影响时涉及不同的视角，如刘军国认为产业集聚降低了交易费用，带来了企业规模报酬递增，促进了企业创新⑧；吴添祖和姚杭永、吴玉鸣和何建坤指出产业集聚的溢出效应与扩散效应会对创新起到强化作用⑨；蔡宁、吴结兵以结构功能主义为分析框架，构建模型分析了产业集聚中学习、知识和网络式创新能力之间的互动关系⑩；黄中伟认为产业集聚会形成一个包含乘数传导机制和创新动力增加机制等创新机制在内的复

---

① Baptista R，Swann P. "Do Firms in Clusters Innovate More?". *Research Policy*，1998，27（5），pp. 525 – 540.

② Capello R，Lenzi C. "Spatial Heterogeneity in Knowledge，Innovation，and Economic Growth Nexus：Conceptual Reflections and Empirical Evidence". *Journal of Regional Science*，2014，54（2），pp. 186 – 214.

③ Landau R E，Rosenberg N E. *The Positive Sum Strategy. Harnessing Technology for Economic Growth*. Washington D C：National Academy Press，1986.

④ Duranton G，Puga D. "Nursery Cities：Urban Diversity，Process Innovation，and the Life Cycle of Products". *American Economic Review*，2001，91（5），pp. 1454 – 1477.

⑤ Richardson G B. "Competition，Innovation and Increasing Returns". *DRUID Working Papers*，1996，9（2），pp. 149 – 181.

⑥ Lundvall B A. *National Systems of Innovation：Toward a Theory of Innovation and Interactive Learning*. London：Anthem Press，2010.

⑦ Pinch S，Henry N，Jenkins M，et al. "From 'Industrial Districts' to 'Knowledge Clusters'：A Model of Knowledge Dissemination and Competitive Advantage in Industrial Agglomerations". *Journal of Economic Geography*，2003，3（4），pp. 373 – 388.

⑧ 参见刘军国《传统产业集聚中的报酬递增》，载《技术经济》2001 年第 1 期，第 57 – 59 页。

⑨ 参见吴添祖、姚杭永《基于产业集群的技术创新扩散绩效研究》，载《科技进步与对策》2004 年第 7 期，第 52 – 54 页；吴玉鸣、何建坤《研发溢出、区域创新集群的空间计量经济分析》，载《管理科学学报》2008 年第 4 期，第 59 – 66 页。

⑩ 参见蔡宁、吴结兵《产业集群的网络式创新能力及其集体学习机制》，载《科研管理》2005 年第 4 期，第 22 – 28 页。

合网络，进而降低创新风险、提高创新成功率并加速创新成果的扩散等①；王雅芬、董晓芳和袁燕从生命周期的角度研究了产业集聚对区域创新的影响，分析了产业集聚不同周期的变化对创新的不同影响②；黄苹、符淼指出了创新活动存在空间依赖性，相邻地区的创新活动会对本地区产生影响，而且受到地理距离的限制③；齐讴歌等提出了集聚外部性可以促使知识的创造、溢出和积累④；汪少华和佳蕾、黎继子等、王琛等对不同产业集聚影响创新的路径进行了分析⑤。

## 二、产业集聚与区域创新的关系的实证研究

目前，学术界对这方面研究的共识是产业集聚能够促进知识和技术的溢出，提升区域创新能力⑥，无论是国家还是城市间的产业集聚都具有显著的溢出效应⑦，更有学者从微观层面验证了产业集聚对区域创新的促进

---

① 参见黄中伟《产业集群的网络创新机制和绩效》，载《经济地理》2007 年第 1 期，第 47 – 51 页。

② 参见王雅芬《基于产业集群生命周期的技术创新研究》，载《商业经济与管理》2007 年第 5 期，第 23 – 28 页；董晓芳、袁燕《企业创新、生命周期与聚集经济》，载《经济学》（季刊）2014 年第 2 期，第 767 – 792 页。

③ 参见黄苹《自主创新、技术模仿与地区经济增长研究》，载《软科学》2008 年第 8 期，第 87 – 90 页；符淼《地理距离和技术外溢效应——对技术和经济集聚现象的空间计量学解释》，载《经济学》（季刊）2009 年第 4 期，第 1549 – 1566 页

④ 参见齐讴歌、赵勇、王满仓《城市集聚经济微观机制及其超越：从劳动分工到知识分工》，载《中国工业经济》2012 年第 1 期，第 36 – 45 页。

⑤ 参见汪少华、佳蕾《浙江省企业集群成长与创新模式研究》，载《科研管理》，2003 年第 1 期，第 129 – 133 页；黎继子、刘春玲、邹德文《产业集中、集群式供应链组织衍续和技术创新——以"武汉·中国光谷"光电子产业为例》，载《财经研究》2006 年第 7 期，第 41 – 52 页；王琛、林初昇、戴世续《产业集群对技术创新的影响——以电子信息产业为例》，载《地理研究》2012 年第 8 期，第 1375 – 1386 页。

⑥ Storper M, Venables A J. "Buzz: Face-to-Face Contact and the Urban Economy". *Journal of Economic Geography*, 2004, 4 (4), pp. 351 – 370; Carlino G A, Chatterjee S, Hunt R M. "Urban Density and the Rate of Invention". *Journal of Urban Economics*, 2007, 61 (3), pp. 389 – 419.

⑦ 参见张可、毛金祥《产业共聚、区域创新与空间溢出——基于长三角地区的实证分析》，载《华中科技大学学报（社会科学版）》2018 年第 4 期，第 76 – 88 页。

作用①。然而，有学者的研究结果表明产业集聚对区域创新的影响并不是线性的②，Hornych 等就德国的制造业集聚对区域创新的影响做了实证研究，结果表明，集聚与创新之间呈现倒"U"形关系③；Flath 以 1961—1990 年日本的 74 个行业为对象研究产业集聚与区域创新之间的关系，得出了同样的结论④。另外，产业集聚对区域创新的影响也因地区⑤与行业⑥的不同而不同。在我国，东部地区产业集聚对区域创新的促进作用要明显高于中西部地区⑦，同时，我国的产业集聚水平和区域创新能力水平缺乏协调性，产业集聚水平落后于创新能力⑧。在行业层面，高技术产业集聚能降低技术学习成本⑨，对技术创新起到促进作用⑩，传统产业如制造业集聚也会促进区域创新能力的提升⑪，但个别行业，如新能源装备行业集聚对区域创新的影响呈倒"U"形⑫，甚至有的行业如过度依赖资源的行

---

① 参见杨坤、朱四伟、胡斌《空间关联视阈下产业集聚对区域创新绩效的影响——基于不同细分产业的实证研究》，载《经济体制改革》2020 年第 3 期，第 93 – 100 页。

② 参见冯诗媛《产业集聚对我国高技术产业技术创新效率的影响研究》，博士学位论文，东北师范大学，2017 年，第 87 – 96 页。

③ Hornych C，et al. "Industry Concentration and Regional Innovative Performance Empirical Evidence for Eastern Germany". *Post-Communist Economies*，2009，21（4），pp. 513 – 530.

④ Flath D. "Industrial Concentration，Price-Cost Margins，and Innovation". *Japan & the World Economy*，2011，23（2），pp. 129 – 139.

⑤ Fritsch M，et al. "Entrepreneurship in the Region". *Michael Fritsch*，2007，71（3），pp. 993.

⑥ 参见杨浩昌、李廉水、刘军《产业聚集与中国城市全要素生产率》，载《科研管理》2018 年第 1 期，第 83 – 94 页。

⑦ 参见刘军、杨浩昌《产业聚集对制造业就业的影响及其地区差异——基于中国省级面板数据的实证分析》，载《经济问题探索》2015 年第 11 期，第 79 – 87 页。

⑧ 参见向丽《区域科技创新能力与产业集聚水平协调关系研究》，载《管理现代化》2016 年第 6 期，第 22 – 25 页。

⑨ 参见李骏、刘洪伟、陈银《产业集聚、技术学习成本与区域经济增长——以中国省际高技术产业为例》，载《软科学》2018 年第 4 期，第 95 – 99 页。

⑩ 参见刘军等《产业聚集对区域创新能力的影响及其行业差异》，载《科研管理》2010 年第 6 期，第 191 – 198 页。

⑪ 参见张萃《制造业区域集聚与技术创新：基于负二项模型的实证分析》，载《数理统计与管理》2012 年第 1 期，第 105 – 111 页。

⑫ 参见王亮《中国新能源装备产业集聚对技术创新的影响研究》，载《科学管理研究》2015 年第 6 期，第 60 – 63 页。

业会产生挤出效应而抑制创新。还有学者的研究表明产业集聚对创新的影响并不显著[1]，甚至可能会给创新带来不利影响[2]，在产业集聚过程中可能会发生盲目集聚的现象，当企业数量超过地区承载力就会发生拥挤效应，不利于区域创新能力的提升[3]，如王丽丽对我国制造业研究的结果表明了随着我国对外开放程度的提高，产业集聚会对创新产生抑制作用[4]。

## 三、不同产业集聚结构对区域创新的影响的研究

学界关于不同产业集聚结构与区域创新的关系的研究主要侧重于产业集聚对区域创新的单向影响，该研究基本来源于马歇尔的外部性理论。马歇尔早在研究产业空间集聚的微观基础时就提出"产业集聚获得利益均是外生的，其本质就是外部性"的重要观点，因此，外部性成为后来解释产业集聚影响区域创新的理论基础。然而，随着产业集聚理论不断深化，国内外学者关于产业集聚如何影响区域创新的观点并不一致，概括起来主要有三种不同的观点，相应地，马歇尔的外部性理论逐渐发展演变为三种不同流派。

第一，产业集聚专业化对区域创新的影响研究。MAR 外部性即 Marshall-Arrow-Romer Externality，源自 Marshall、Arrow 和 Romer 三位先驱者的贡献，他们认为，产业集聚专业化程度越高，越有利于促进区域创新。[5] 也就是说，在一个具体的地理空间内某个特定行业的企业大量集

---

① 参见张杰、刘志彪、郑江淮《产业链定位、分工与集聚如何影响企业创新——基于江苏省制造业企业问卷调查的实证研究》，载《中国工业经济》2007 年第 7 期，第 47 – 55 页。

② Henderson V. "The Urbanization Process and Economic Growth: The So-What Question". *Journal of Economic Growth*, 2003, 8 (1), pp. 47 – 71.

③ Bruelhart M, Mathys N A. "Sectoral Agglomeration Economies in a Panel of European Regions". *Regional Science & Urban Economics*, 2008, 38 (4), pp. 348 – 362.

④ 参见王丽丽《集聚、贸易开放与全要素生产率增长——基于中国制造业行业的门槛效应检验》，载《产业经济研究》2012 年第 1 期，第 26 – 34 页。

⑤ Marshall A. *Principles of Economics*. London: Macmillan, 1890; Arrow K. "The Economic Implications of Learning by Doing". *Review of Economic Studies*, 1962, 29 (3), pp. 155 – 173; Romer P M. "Increasing Returns and Long-Run Growth". *Journal of Political Economy*, 1986, 94 (5), pp. 1002 – 1037.

中，将极大促进企业间技术和知识外溢，进而提高整个区域的创新水平。随后，Feldman 和 Audretsch 以收入增长率指标间接衡量区域创新程度，得出"在其他条件相同的情况下，生产技术相似的企业集聚度较高的地区要比那些相似企业集聚度较低的地区有更高的收入增长率"[1] 的结论。Ejermo 通过验证产业集聚专业化有利于增加专利申请数量间接证明了产业集聚的 MAR 外部性。[2] 在实证研究方面，Henderson 等对 1970 年与 1987 年美国 24 个城市的交通运输设备、仪器制造等 5 个行业的研究表明，无论是传统产业还是高新技术产业的 MAR 外部性都非常明显[3]。国内学者段会娟、刘乃全等、刘鹏和张运峰的实证检验结果证明，专业化的产业集聚结构对区域创新有着更为显著的影响。[4] 但在我国，东部地区区域创新能力更受益于多样化集聚，而专业化集聚对中部地区创新促进作用更明显。[5] 但是，也有部分学者持相反观点，如 Bradley 和 Gans 对澳大利亚的研究、Combes 对法国的研究以及 Soest 等对荷兰的研究、洪群联和辜胜阻以及李健旋和程中华对我国的实证研究均发现产业集聚专业化对区域创新

---

① Feldman M P, Audretsch D B. "Innovation in Cities: Implications for Innovation". *European Economic Review*, 1999, 43 (2), pp. 409 – 429.

② Ejermo O. "Technological Diversity and Jacobs' Externality Hypothesis Revisited". *Growth and Change*, 1999, 36 (2), pp. 167 – 195.

③ Henderson R M, Jaffe A B, Trajtenberg M. "Geographic Localization of Knowledge Spillovers as Evidenced By Patent Citations". *Quarterly Journal of Economics*, 1993, 108 (3), pp. 577 – 598.

④ 参见段会娟《集聚、知识溢出类型与区域创新效率——基于省级动态面板数据的 GMM 方法》，载《科技进步与对策》2011 年第 19 期，第 140 – 144 页；刘乃全、吴友、赵国振《专业化集聚、多样化集聚对区域创新效率的影响——基于空间杜宾模型的实证分析》，载《经济问题探索》2016 年第 2 期，第 89 – 96 页；刘鹏、张运峰《产业集聚、FDI 与城市创新能力——基于我国 264 个地级市数据的空间杜宾模型》，载《华东经济管理》2017 年第 5 期，第 56 – 65 页。

⑤ 参见刘乃全、吴友、赵国振《专业化集聚、多样化集聚对区域创新效率的影响——基于空间杜宾模型的实证分析》，载《经济问题探索》2016 年第 2 期，第 89 – 96 页；刘鹏、张运峰《产业集聚、FDI 与城市创新能力——基于我国 264 个地级市数据的空间杜宾模型》，载《华东经济管理》2017 年第 5 期，第 56 – 65 页。

和增长产生负作用①。而周玲玉在对我国高新技术产业的研究中则发现专业化集聚对技术创新效率的影响呈现"U"形曲线。② 张璐等的研究发现专业化集聚对纯技术效率存在显著正向影响，但对规模效率存在显著负向影响。③

第二，产业集聚多样化对区域创新的影响研究。以 Jacobs 为代表的 Jacobs 外部性理论提出，多样化的产业集聚结构更有利于知识的溢出与创新。与 MAR 外部性不同，Jacobs 外部性更强调集聚企业的多样化与差异性促进了企业的创新行为，而不是集聚企业的专业化与同质性促进了创新和增长。关于产业集聚对区域创新的影响，MAR 外部性理论与 Jacobs 外部性理论之争历时已久。Paci 和 Usai 认为 MAR 外部性和 Jacobs 外部性均对区域创新产生显著的正影响。④ Feldman 和 Audretsch 引入"基于学科的多样化"（Science-Based Diversity）的概念，指出无论在产业水平上还是在企业水平上，多样化都要比专业化更有利于创新。⑤ Greunz 对欧盟的实证研究表明，专业化外部性与多样化外部性都会显著影响一个地区的创新能力，而在人口密度比较高的地区，多样化外部性的作用更为突出。⑥ 国内学者吕宏芬、刘斯敖以专利授予量作为衡量区域创新能力的指标，研究

---

① 参见 Bradley R，Gans J S. "Growth in Australian Cities". *Economic Record*，1998，74（5），pp. 226；Combes P P，Duranton G. "Labour Pooling，Labour Poaching，and Spatial Clustering". *Regional Science & Urban Economics*，2006，36（1），pp. 1 – 28；Soest D，Gerking S D，Oort F. "Knowledge Externalities，Agglomeration Economies，and Employment Growth in Dutch Cities". *Discussion Paper*，2002；洪群联、辜胜阻《产业集聚结构特征及其对区域创新绩效的影响——基于中国高技术产业数据的实证研究》，载《社会科学战线》2016 年第 1 期，第 51 – 57 页；李健旋、程中华《知识溢出对区域创新影响的空间计量分析》，载《中国科技论坛》2017 年第 2 期，第 121 – 126 页。

② 参见周玲玉《专业化、多样化集聚对技术创新效率的影响研究》（硕士学位论文），安徽大学 2019 年，第 36 页。

③ 参见张璐、牟仁艳、胡树华《专业化、多样化集聚对制造业创新效率的影响》，载《中国科技论坛》2019 年第 1 期，第 57 – 65 页。

④ Paci R，Usai S. "Externalities，Knowledge Spillovers and the Spatial Distribution of Innovation". *Geo Journal*，1999，49（4），pp. 381 – 390.

⑤ Feldman M P，Audretsch D B. "Innovation in Cities：Implications for Innovation". *European Economic Review*，1999，43（2），pp. 409 – 429.

⑥ Greunz I. "If Regions Could Choose Their Neighbors：A Panel Data Analysis of Knowledge Spillovers Between European Regions". *Cahiers Economiques de Bruxelles*，2001，169（1），pp. 63 – 84.

产业集聚对浙江区域创新的影响，结果表明地区多样化集聚比专业化集聚更有利于区域创新。[①] 洪群联和辜胜阻、吕承超、李健旋和程中华、李沙沙以及周玲玉的研究也都证实了多样化集聚更有利于区域创新。[②]

第三，产业集聚竞争性对区域创新的影响研究。除专业化和多样化之外，产业集聚的竞争性对区域创新的影响也是研究重点之一。Porter 外部性理论的开创者是学者迈克尔·波特。该理论认为，竞争会刺激技术模仿和技术传递，促进创新应用和实施，而垄断会导致企业缺乏创新的动力，企业管理者贪图安逸、不愿进行创新的风险投资，为此，竞争比垄断更有利于知识和技术的外部性，更有利于促进区域创新。Porter 外部性理论引起了垄断性市场结构理论与竞争性市场结构理论之争。垄断性市场结构理论的支持者认为，过度竞争不但不会促进创新，反而会破坏创新，而垄断则是一种有利于保护和推动创新的市场组织形式。然而，大多数学者更倾向于"竞争促进区域创新"的观点，如 Feldman 和 Audretsch 认为地方竞争更有利于知识溢出和区域创新[③]，邬滋的实证研究也支持了 Porter 外部性理论中关于竞争促进区域创新的假定[④]。但是，学界关于不同产业的竞争市场结构对创新的影响的看法却不相一致，如 Carlino 等认为竞争与创新正相关，但在高科技领域则未能体现这种相关性[⑤]；张昕和陈林对我国医药制造业和电子通信设备制造业的研究证实了竞争对区域创新存在负面

---

① 参见吕宏芬、刘斯敖《R&D 投入、产业集聚与浙江区域创新效应分析》，载《浙江学刊》2011 年第 3 期，第 196－201 页。

② 参见洪群联、辜胜阻《产业集聚结构特征及其对区域创新绩效的影响——基于中国高技术产业数据的实证研究》，载《社会科学战线》2016 年第 1 期，第 51－57 页；吕承超《中国高技术产业专业化比多样化更有利于区域产业创新吗?》，载《研究与发展管理》2016 年第 6 期，第 27－37 页；李健旋、程中华《知识溢出对区域创新影响的空间计量分析》，载《中国科技论坛》2017 年第 2 期，第 121－126 页；李沙沙《产业集聚对中国制造业全要素生产率的影响研究》（硕士学位论文），东北财经大学 2018 年，第 141 页；周玲玉《专业化、多样化集聚对技术创新效率的影响研究》（硕士学位论文），安徽大学 2019 年，第 36 页。

③ Feldman M P, Audretsch D B. "Innovation in Cities: Implications for Innovation". *European Economic Review*, 1999, 43 (2), pp. 409－429.

④ 参见邬滋《集聚结构、知识溢出与区域创新绩效——基于空间计量的分析》，载《山西财经大学学报》2010 年第 3 期，第 15－22 页。

⑤ Carlino G A, Chatterjee S, Hunt R M. "Urban Density and the Rate of Invention". *Journal of Urban Economics*, 2007, 61 (3), pp. 389－419.

影响①；吕承超发现，企业竞争对高技术产业创新影响并不显著②。

# 第五节　述　　评

　　本章对本研究所涉及的产业集聚、区域创新以及产业集聚对区域创新的影响的国内外研究进行了简要的回顾和整理。在产业集聚方面，本章简要回顾了产业集聚理论以及国内外关于产业集聚的动因分析和产业集聚的实证研究。当前的产业集聚理论已经发展得较为完善，能够形成一个完整的产业集聚分析框架，不仅为学术研究提供了思路，更为分析我国制造业集聚的形成原因提供了依据。同时，产业集聚的测度方法也越来越多样化，使我们在进行产业集聚研究时有更多的工具可以选择，但是，产业集聚的测度方法仍然存在一些问题。在产业集聚的影响因素分析方面，其往往能够结合多种因素分析对产业集聚的影响，但是在分析产业集聚的影响因素时，仅仅分析了各因素对产业集聚的影响，而忽略了各因素之间的相互影响。

　　在区域创新方面，本章回顾了区域创新理论及国内外关于区域创新的内涵、区域创新的测度以及区域创新的影响因素的研究。关于区域创新的内涵，虽然学术界仍然没有统一的认识，但总的来看存在五点共性：一是强调知识的重要地位；二是突出对商业或经济产生的效益；三是认可创新产生或发挥效应的时间因素；四是强调区域内的资源独特性，包括自然物质资源和社会文化资源两方面；五是认为区域创新能力是一项综合性的能力，并非单一的技术性指标。区域创新的测度主要采用指标体系，虽然分析方法有很多种，但是总体来看仍然比较单一。从现有的对区域创新能力影响因素的研究来看，多数研究集中于利用实证数据对影响因素与区域创新能力是否相关、影响程度的强弱进行分析。但区域创新能力发挥效用的

---

　　① 参见张昕、陈林《产业聚集对区域创新绩效影响的实证研究——以两类高技术制造业为例》，载《科技进步与对策》2012 年第 15 期，第 42－45 页。
　　② 参见吕承超《中国高技术产业专业化比多样化更有利于区域产业创新吗？》，载《研究与发展管理》2016 年第 6 期，第 27－37 页。

路径并非线性或直接的，区域创新能力在作用过程中，会经过不同的部门、不同的时间，有不同的干扰因素影响，并且区域的独特性会使得干扰性因素更加复杂。因此，分析影响因素相应的作用机制对研究创新能力的区域差异性将有更加现实的意义。

在产业集聚对区域创新的影响方面，本章分析了产业集聚对区域创新的影响机制，并通过实证检验研究了产业集聚对区域创新的影响。国内外学者对知识的专业化集聚、多样化集聚及竞争性集聚对区域创新影响的研究如汗牛充栋，但既有研究以实证研究居多，理论研究形成的均是零星的观点，大多基于产业集聚理论和创新理论来探讨产业集聚对区域创新的影响，缺少系统和全面的理论探讨。如既有实证文献大多验证产业集聚是否对创新产生了影响，虽然已经有众多研究表明专业化集聚和多样化集聚对区域创新存在一定的影响，但到底哪一种集聚结构对区域创新的影响更大还存在争议，且鲜有学者探讨这种争议存在的原因。就我国的研究而言，国内学者在产业集聚与区域创新方面的研究主要引入西方国家相关的理论研究，运用不同的案例以及产业集聚的相关数据，依托国外的相关理论做实证分析，试图研究我国产业集聚现象及技术创新存在的问题。但是，多数的研究分析主要针对特定的区域或产业，或者以全国为对象，案例的选取以个别特定产业的案例分析为主，缺乏研究的代表性，应用价值比较有限且缺乏现实上的指导性。而本研究关心的是，在我国，制造业集聚对区域创新能力存在怎样的影响，这种影响在行业和地区间存在什么样的差异？目前，我国大部分地区正处于由生产型区域向创新型区域转化的阶段，对上述问题的研究可为促进创新型区域的建设及区域经济的持续稳定增长提供思路。

# 第三章 制造业集聚对区域创新
## 能力的影响机制

经济活动的集聚往往会导致创新活动的发生，如美国硅谷的半导体行业及中国中关村的信息技术产业等。产业集群不仅是创新带动生产率增长的源泉，它还会刺激新业务的形成，带动创业活动的持续增长。[①] 本章从制造业集聚对区域创新的影响效应、制造业集聚对区域创新的影响路径以及制造业专业化集聚和多样化集聚对区域创新的影响三个方面分析制造业集聚对区域创新的影响机制。

## 第一节 制造业集聚对区域创新的影响效应

制造业集聚影响区域创新的主要途径是产业集聚效应。在制造业集聚区这一特殊的地理区域内，各组成部分有机地联系在一起形成一个网络，其产生的集聚效应给制造业集聚区带来了其他区域无可比拟的竞争优势，进而使集聚区得以继续发展和扩大，吸引各种资源进入区域内，推动区域创新。关于制造业集聚对区域创新的影响效应，至今还没有统一的模型可以借鉴，本研究在总结前人研究的基础上，将制造业集聚的区域创新效应归纳为外部经济效应、市场规模效应、持续创新效应、社会资本效应、区位品牌效应、资源共享效应和劳动力市场效应。

---

① Porter M. *The Competitive Advantage of Nations*. New York：Free Press，1998，p.166.

## 一、外部经济效应

马歇尔最早提出的集聚的特征就是外部经济。外部经济中的技术外部经济对区域创新能力的提升有着不可忽视的作用。技术外部性可以降低集聚区内企业的技术获取成本。在制造业集聚区内，一个企业产生的新技术和新思想可以很快被其他企业学习和模仿，这个过程只需要付出很低的成本甚至是零成本，技术的交流与传播也变得更加容易，这对技术在企业间的扩散与吸收具有良好的促进作用。随着大量的企业在区域内聚集，技术和知识在区域内也会加速扩散，集聚区内的企业比区外的企业具有更多的技术和知识获取渠道，在获取技术和知识方面更加容易，而当制造业集聚区内某一企业发生了突破性创新以后，其他企业会在很短的时间内进行学习创新，提升自身的创新能力，从而使得整个集聚区具有较高的竞争优势①。因此，"集聚—学习—竞争优势"是制造业集聚区自我激励发展的动态演化过程。从横向上看，地理上的邻近使得企业之间竞争频繁，个别企业的突破性创新会使其他企业面临较大的竞争压力，激励企业不断学习和模仿，企业职工也会通过学习来提升自身能力，以期寻求新的创新突破。与此同时，地理邻近性也使得企业进行技术封锁或阻止其他企业学习和模仿成为不可能。为了保持技术优势，企业就必须不断进行创新。而创新是一个很复杂的过程，包括设计、研发、试验和生产等多个步骤，一个企业仅仅依靠自身实力来面对技术发展和市场需求的不确定性往往需要承担很大的风险。② 因此，集聚为企业针对技术创新中的问题进行交流合作以及通过合理分工来进行创新突破提供了一个很好的平台，这种企业间的相互合作可以提升整个集聚区的创新能力。从纵向上看，集聚区内处于上下游的企业具有共同的利益，它们之间进行分工而引发的"干中学"的学习效果会被集聚效应放大，进而促进区域创新能力的提升。

---

① 参见彭娜《生产性服务业集聚与技术进步之间关系的研究》（硕士学位论文），上海师范大学，2014 年，第 14 – 15 页.

② 参见吴嫣《产业集聚效应对出口贸易的影响》（硕士学位论文），浙江大学 2014 年，第 28 页。

## 二、市场规模效应

新经济地理学指出，即便是自然条件相同的两个地区，也可能会因为一个"微小的偶然事件"而产生一个积累的过程，从而使得其中一个地区吸引产业进行集聚。因此，制造业集聚带来的专业化生产会扩大最终产品的规模，并提高对销售、运输和公共产品的需求，从而产生市场规模效应。市场规模扩大以后，企业在生产中引入"新组合"以提高企业的资本报酬率和利润率，吸引新的企业加入集聚，估计新的投资，从而形成更丰富的资本积累。与此同时，高素质的人才会因要素报酬的提高而流入制造业集聚区，从而产生要素市场和中间投入品规模效应。而科研机构也会因创新成本的降低而进驻制造业集聚区，使企业生产效率和区域创新能力得到进一步提高，进而使制造业集聚区的竞争优势得到提升。

城市是产业集聚的载体，因此，城市规模与创新的关系也属于制造业集聚与区域创新的关系的范畴。从理论角度来看，相关研究文献有多条主线涉及创新与城市规模或城市密度的关系。马歇尔和雅各布斯的经典理论分别研究了由专业化集聚和多样化集聚导致的大城市的知识增长。在这些理论中，外生的溢出效应为大城市的知识发展提供了良好的基础。Helsley 和 Strange 的模型已经证实了这一关系的单调性，从实证角度来看，不同规模的城市存在不同的创新速率，但这并不适用于大城市。[①] Carlino 等通过对美国得克萨斯州奥斯汀的研究，表明城市规模和专利强度之间存在倒"U"形的关系，如果城市的劳动就业密度增加一倍，则人均专利水平约上升20%，而这一关系是非单调的。[②]

## 三、持续创新效应

孤立的企业在创新的发生概率上要远远低于制造业集聚区内的企业，

---

① Helsley R W, Strange W C. "Matching and Agglomeration Economies in a System of Cities". *Regional Science & Urban Economics*, 1990, 20（2），pp. 189 – 212.

② Carlino G A, Chatterjee S, Hunt R M. "Urban Density and the Rate of Invention". *Journal of Urban Economics*, 2007, 61（3），pp. 389 – 419.

这是因为生产同类产品的企业聚集在一起不仅可以增加产品的差异性，而且可以有效满足消费者偏好的多样性，并且由于聚集在一起，企业之间会产生更大的竞争压力，从而使企业争先恐后地加大创新力度，提升自身技术水平，且最终在竞争中获胜的企业在竞争力方面会更胜于集聚区外的企业。而创新则会在集聚区内相关联的企业之间产生传导效应，当一个企业创新或升级其生产工艺或技术时，与其具有上下游关联的企业往往也会进行同样的升级或创新，进而这些企业的创新会继续传导，最终在集聚区内形成持续创新效应。

现代知识产权制度明确了创新的利益主体，为技术的发展拓展了空间，有效地保护了创新的发展。由于制造业集聚区内的企业在技术上有着明显的外溢性和关联性，因此，只有迅速且持续的创新活动才能使整个集聚区保持长久的竞争优势。但是，这种快速创新模式在投资上具有一定的风险，而现代知识产权制度的建立与完善则降低了这种风险。

## 四、社会资本效应

社会资本效应是指社会组织所具有的社会规范、信用以及社会网络等能够提高社会效率的特性。制造业集聚的形成会带来社会资本效应。一方面，制造业集聚区内的企业在长期的竞争合作过程中，其相互之间的关系、交互作用已经融入特定的文化背景和社会制度，企业之间的频繁交流也使得彼此的依赖和信任程度增加，而这种信赖将会使整个集聚区发展成为具有向心力的组织，并建立起信任机制；另一方面，社会资本在制造业集聚区内表现为协调行动、信息共享等形式，制造业集聚的集体效率在丰富的社会资本作用下得以发挥，社会资本存量越大就越容易带来新的社会资本积累，从而形成滚雪球效应以实现自我增强，最终在集聚区内会形成一种密切合作、共存共荣的氛围，进而促进区域创新。

## 五、区位品牌效应

制造业集聚是经济活动在空间上集聚的一种现象，参与集聚的企业可以通过扩大宣传、加强营销来建立整体品牌，从而打造区位产业品牌。相较于单个企业品牌，区位品牌毫无疑问更加直接、形象，更具有持续广泛的品牌效应；而且，只要不存在资源和环境等外部因素使制造业集聚区分散，就可以形成持久的区域品牌效应，这将会成为集聚区内企业的无形资产。同时，持久的区域品牌效应会形成强大的吸引力，吸引更多的人才进入集聚区，为提升制造业集聚区的创新能力提供智力支持。

## 六、资源共享效应

制造业集聚的另一个十分重要的内涵是使集聚区内的企业进行资源共享，并实现资源的优化配置。这一内涵源于企业的资源稀缺性。制造业集聚区内不仅存在劳动力、自然资源和资本这些一般性的生产要素，而且拥有人才和企业家资源以及其在产业集聚区内所发挥的作用。另外，政府部门、教育和金融机构也在集聚区内对产业发展发挥着协同作用。这些生产资源在制造业集聚区内实现整合、优化，为区域创新提供良好的支持。同时，制造业集聚的形态越高级，外部资源和市场对集聚区的吸引力和影响力的提升作用就越大，使制造业集聚区形成动态竞争优势，为区域创新提供持久的支持。

资源是否共享取决于在给定地点生产该投入品是否存在规模经济。当创新活动在本地聚集时，可能会使要素市场扩大，从而使集聚区中的每一个成员获益。扩大的本地市场允许高效共享各种专业投入品、专业且经验丰富的工人以及各种专门的商业服务（如专利代理人、商业实验室产品检测和贸易组织），以使知识能够快速流动[1]。维持精简库存、在当地外包可以使企业降低生产成本，波特认为这个效应对"涉及嵌入式技术，信息及服务内容的高级、专业投入"特别重要。产业集群保证了企业在决定创新时能够以较低的成本获得其所需并快速实施创新。

## 七、劳动力市场效应

经济学研究一般会采取劳动力同质性假定，但是在实际的经济活动

---

[1] Porter M. *The Competitive Advantage of Nations*. New York: Free Press, 1998.

中，无论是在人力资本水平上还是在技能水平上，劳动力都是存在差异的。要使劳动力供需匹配，必须经历一个搜寻的过程。因此，如果劳动力和企业在一个规模较大的市场进行集聚，就会提升劳动力市场的匹配质量。[1] 在制造业集聚区内，由于劳动力具有更多的匹配选择，因此，预期匹配的机会成本较低，而且虽然选择性增多，但他们有更快的平均匹配速度以及更高的平均匹配产出，且在生产性匹配方面占有更高的份额。Strange 等指出，企业可以从集群中获取更多机会和选择以应对挑战或不可预见的状况，从而使对专业化工人具有外生需求的企业从集群中获益。[2] 另外，Fallick 等、Freedman 证实了专业化工人更容易在集群中找到新的工作机会。[3]

## 第二节　制造业集聚对区域创新的影响路径分析

上一节分析了制造业集聚对区域创新的影响效应，本节将从两个方面分析制造业集聚对区域创新的影响路径。

### 一、制造业集聚效应对区域创新的作用路径

基于制造业集聚影响区域创新的七大效应，本部分将分析并总结制造业集聚效应对区域创新的作用路径，见图 3 – 1。

---

① Berliant M, Reed R R, Wang P. "Knowledge Exchange, Matching, and Agglomeration". *Journal of Urban Economics*, 2000, 60 (1), pp. 69 – 95; Papageorgiou T. "Working Sorting and Agglomeration Economies". *Penn State University Working Paper*, 2013.

② Strange W, Hejazi W, Tang J. "The Uncertain City: Competitive Instability, Skills, Innovation and the Strategy of Agglomeration". *Journal of Urban Economics*, 2006, 59 (3), pp. 1 – 351.

③ Fallick B, Fleischman C, Rebitzer J. "Job-hopping in Silicon Valley: Some Evidence Concerning the Microfoundations of a High-Technology Cluster". *Review of Economics and Statistics*, 2006, 88 (3), pp. 472 – 481; Freedman M L. "Job Hopping, Earnings Dynamics, and Industrial Agglomeration in the Software Publishing Industry". *Journal of Urban Economics*, 2008, 64 (3), pp. 590 – 600.

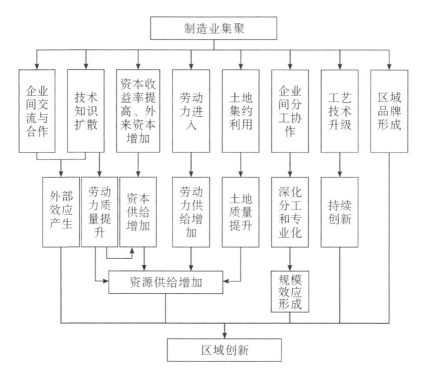

图 3 - 1　制造业集聚效应对区域创新的作用路径

第一，制造业集聚使众多企业在地理上集中，加强了企业之间的交流与合作，企业的技术和知识更容易在集聚区内进行扩散，形成知识溢出，企业之间会获得彼此带来的外部性，使外部经济效应得以发挥。

第二，制造业集聚在特定的区域，集中了相同或者相关联的企业，这些企业会深化分工和专业化，优化资源配置，加强分工与协作，最终形成市场规模效应。

第三，制造业集聚会带来企业生产工艺和技术的升级与更新，从而使得企业能够更快地进行研发并采用新技术。企业相互学习、竞争等行为进一步激发了持续创新效应，使创新源源不断地产生。

第四，制造业集聚的外部效应带来的技术和知识的外溢以及企业之间的相互学习会使劳动力整体质量提升，进而提高企业劳动生产率，提升企业的资本收益率，增加资本积累。集聚在提升企业资本收益率的同时，也会产生强大的虹吸效应，吸引外来资本进入集聚区，而资本存量越大，越容易吸引新的资本进入，从而保证制造业集聚区的资本供给。

第五，制造业集聚区的基础设施、服务完善，服务品质良好，核心业务竞争力较强，企业在该区域集中形成的区域产业会具有明显的市场竞争优势，且其中一个或多个名牌企业会成为集聚区的形象代表。当制造业集聚区发展壮大时，区域品牌就会以制造业集聚区为载体，成为制造业集聚区内所有企业共享的一种无形资产，从而形成区域品牌效应。

第六，制造业集聚区的企业在地理上集中，使得土地的利用更加集约，土地的利用效率得以提升。

第七，制造业集聚会吸引劳动力进入集聚区，增加劳动力的供给；而劳动力的集聚则会降低企业交易成本，并使其以低成本共享公共服务设施，从而发挥劳动力的市场效应。

综上所述，制造业集聚会带来资源供给的增加、外部效应的产生、规模效应的形成以及区域品牌的形成等，进而最终会对区域创新产生促进作用，而这一过程同时又具有反馈作用，使得制造业集聚和区域创新不断相互强化。

## 二、制造业集聚对区域创新构成要素的影响

要实现区域创新，首先要有创新资源的投入，其次要有一个创新网络使用这些资源以产生技术创新，最后要有技术转化平台来实现创新技术的商业价值。而制造业在空间内集聚则可以通过创造区域创新优势资源、促进区域创新网络形成、推动企业技术改造与创新、提供技术转化平台等途径促进区域创新，见图3-2。

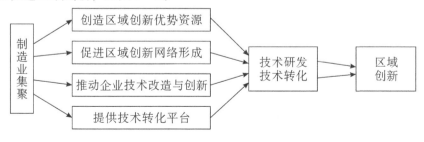

图3-2 制造业集聚对区域创新能力构成要素的影响路径

### （一）制造业集聚为区域创新创造优势资源

制造业集聚在配置创新资源方面是一种有效的方式，它能够使经济活动中的竞争变得有序，从而提升生产资源特别是创新资源的利用率。高校、科研和培训机构等进驻制造业集聚区，可以使大量高水平人才聚集于此，为创新提供大量优质的智力资源。同时，制造业集聚也会对集聚区外的资金、技术和先进的管理经验产生吸引力，使其进入区内并提升区内企业的自我发展能力。由于集聚区内企业彼此相邻，彼此的合作可以提高相互之间的信任度，从而形成稳定的协作关系，减少谈判环节及信息搜索成本，使企业保持较强的竞争优势，也使得创新具有更低的成本，相对增加创新资本。而在一定的地理空间内聚集了众多生产相似产品的企业亦可鼓励企业持续不断地创新以获得竞争优势。由于地理位置邻近，企业之间具有较高的技术透明度，任何一个企业在创新之后均很难在较长的时间内通过垄断创新技术来获得超额利润，而技术落后的企业则可以通过学习、产品分解等途径对创新进行应用，提高自身生产水平，在市场上占有一席之地，这就会促使企业再一次创新以保持领先，这种压力迫使产业集聚区内的企业具有强烈的创新意愿。

同时，制造业集聚作为资源配置方式，能使集聚区内经济活动保持竞争优势，保证区内资源的经济效率。当资源、人力资本不断聚集时，制造业集聚可使资源、劳动和资本等生产要素有机地整合在一起，从而节约成本、深化分工、促进创新。集聚区内企业共享现代化的通信、交通等各种生产服务基础设施，不仅可以节约企业的通信成本和交通成本，而且大大方便了企业之间的正式与非正式的交流。因此，专业化的市场可以在产业集聚区内形成并与产业集聚相互依靠而存在。此外，制造业集聚区内还有一项重要的无形资产，就是企业之间的相互合作可以打造出"区域品牌"并使其形成影响力，这是对区内众多企业品牌精华的提炼，是区内独有的强大竞争力。改革开放以来，伴随着我国经济的高速发展，许多地区形成了一批具有较强影响力的制造业集聚区，如青岛就形成了以海尔、海信、澳柯玛等集团企业组成的家电制造业集聚区。

### （二）制造业集聚促进区域创新网络形成

马歇尔对产业集聚的定义是从经济学出发的，而波特则是从社会文化方面考虑的，但二者所说的产业集聚主要是指专业化集聚。在制造业集聚区内，企业之间属于竞争与合作的关系，与中介组织和服务机构一起构成产业集聚体系，该体系包含了从研发到推向市场过程中的政府、企业、中介组织和研究机构等。在熊彼特的理论中，创新是一个过程，这个过程需要企业家将资金、人才和信息等资源整合在一起，而产业集聚恰好为这一过程提供了良好的平台。制造业集聚区内不仅可以形成专业化的劳动力市场，还可以增加企业和研究机构之间的交流和学习，企业之间通过相互的知识溢出和"干中学"来增加区内知识存量，地理上的邻近也可形成相似的企业文化，使得非编码知识可以在企业之间迅速扩散，推动区域创新。此外，制造业集聚还可以促进区内金融、通信、物流等生产性服务业的集聚与完善，通过公共服务和基础设施的共享来达到降低所有企业生产成本的目的①。在集聚区内，企业与高校和研究机构邻近，也方便三者之间的合作交流与资源整合，加速创新过程。

### （三）推动企业技术改造与创新

制造业集聚中的技术溢出效应能够增加企业知识存量，从而提高企业的创新能力。这一过程主要通过相互学习、知识流动、专利转让、市场竞争和合作创新等途径来实现。当然，技术落后的企业想要吸收技术进步的企业外溢出来的技术也需要具备一定的条件与能力，只有设施优良且技术基础好的企业才能够获得较好的技术外溢效果。另外，技术落后的企业在面对技术上占优势的企业时会充满危机感和竞争意识，从而转变竞争模式，为其自身的生存与发展不断进行创新，进而使整个产业乃至全社会形成一股创新热潮。而当先进企业的管理人员、科研人员和熟练的技术工人流动到其他企业时，技术外溢也会跟随而来，其他企业的强力科研队伍形成，可进一步推动技术落后的企业乃至整个产业集聚区的技术进步。

---

① 参见杨沙、戴锦《高技术产业集群创新网络模型研究》，载《当代经济》2009 年第 13 期，第 44 - 46 页。

技术在企业之间流动时，产业技术也会随之不断进步。这一过程会淘汰一直落后的企业，从而提升产业内企业的生产率，在产业层面则会实现产业结构高级化。此外，技术知识要素及其载体的渗透与组合可以提升企业的管理水平，提高产品质量，最终会降低能耗、物耗，并减少污染物的排放。① 技术进步可以分为两种类型：一是原有技术框架内的累积性进步，即利用适合企业的技术对其生产过程进行改造使其降低生产成本；二是使用新技术解决原来无法解决的问题或者出现的新问题，在原来技术的基础上实现技术间断性跳跃及突变。技术改造是一个复杂的问题，其涉及生产、管理、技术和经济等一系列的问题，在经济上需要有充足的物质资本以支持改造，在技术上需要有合适且发展成熟的技术及相关技术人才的支撑，这一过程不仅是技术的转变，还涉及观念和管理方式的转变。

## （四）提供技术转化平台

制造业集聚能够促进产业升级乃至区域经济增长。当前，我国在科研投入方面还存在硬约束，因而专利成果转化为市场成果尤显重要。王斌、谭清美指出，产业集聚能够促进专利成果的市场转化，集聚区内存在产业发展的有效模式和技术转化的载体，只有将专利成果转化为市场成果获得相应的收益，才能激励区域创新的发生和持续。② 集聚区内拥有配套的技术转化体系和孵化产业园区，同时拥有完整的融资体系，企业能够很好地获得融资服务。

开发区是集聚的典型模式，是国家经济发展的先行区。在开发区内，技术资源与金融资本更容易对接，我国许多优质企业都是在开发区成长壮大的。同时，开发区也是以企业为主体，以市场为导向，依托高校和科研机构的区域自主创新系统。企业的创新需求需要科研机构的技术优势提供支持，企业需要与具有科研能力的高校和研究机构展开"产学研"合作，形成"产供销"一体化，将科研机构的研究成果适时转化为生产力，而开发区正是这一过程的空间载体。

---

① 参见孙智君、马晓东《创新、技术扩散与产业集群创新发展——一个模型的提出与分析》，载《贵州社会科学》2012 年第 1 期，第 58 - 63 页。

② 参见王斌、谭清美《产权、规模及产业集聚对专利成果转化效率的影响——来自我国五个高技术产业的数据》，载《经济管理》2013 年第 8 期，第 153 - 161 页。

## 第三节　专业化集聚与多样化集聚对区域创新的影响

前两节分析并总结了制造业集聚对区域创新的影响效应及影响路径，同时分析了制造业集聚对区域创新不同构成要素的影响。本节将就专业化集聚和多样化集聚对区域创新的影响进行分析。

### 一、专业化集聚对区域创新的影响

产业集聚在发挥七大效应的同时，会促进产业专业化分工，即专业化集聚。专业化集聚的形成，可能受地区要素禀赋的影响，也可能受集聚效应的推动。当专业化集聚形成后，还会反过来通过多种方式对经济增长和创新产生促进作用：一是专业化集聚带来了企业地理上的邻近，企业间的相互交流可以促进技术和知识在企业间溢出，从而提升创新能力；二是专业化集聚增强了企业间的竞争压力，受高级市场需求影响，企业会努力提升自身创新能力；三是专业化集聚会带来规模经济，使企业的生产成本降低，同时，由于集聚区内基础设施共享，还可以降低企业的交易成本。

溢出效应即外部性，是一个企业的技术或知识通过经验交流、合作沟通等方式传递到另一个企业的过程。一般来讲，知识可分为可编码知识和缄默知识两种类型。其中，可编码知识可利用媒介进行不受距离限制的传播，如书籍等；缄默知识则不可进行媒介传播，其传播和扩散途径只能是携带者的当面交流，其传播能力与距离成反比，即随着距离的增加，缄默知识的溢出效应会逐渐衰减，而专业化集聚则为缄默知识的传播提供了便利。因此，企业从专业化集聚中可以获得可编码知识和缄默知识。这是因为在专业化集聚区内的企业属于同一行业，它们之间具有相似的生产方式和技术原理，在产品工艺和技术标准方面更容易统一，而且邻近的地理位置也为企业间交流提供了便利，加速知识溢出，进而带来产业创新能力的提高。专业化集聚的支持者认为，多样化集聚的企业处于不同的行业，其生产方式和技术原理千差万别，即便是企业在地理上邻近，也无法形成有效知识溢出，因此不能带来规模经济，对创新能力的提升作用较小。

在关于专业化集聚和多样化集聚对区域创新的影响的研究中，另一个有争议的问题是产业组织与创新的关系。学者们对这一问题进行了大量的实证研究，但结果各不相同。专业化集聚的支持者认为垄断组织可以以产权保护的方式有效限制知识流动和溢出，促使企业对自己的研发成果保密，通过垄断保护自己的知识产权，这样就可以减少技术创新模仿行为和知识溢出，使其能够占据市场优势获取利润，而且垄断组织中的企业可以承受创新失败带来的成本和风险；而在竞争市场中，企业面临着激烈的竞争，其主要目的是生存，没有进行研发和产品创新的动力，尤其是市场中的中小企业往往都是以"跟随者"的身份进行生产活动的。再者，处于竞争市场的企业规模一般较小，不具备研发和创新所需的人力资源和资金，加之专业化集聚使得企业地理位置邻近，技术和知识溢出就很容易出现在这些生产方式和技术原理相似的企业中，从溢出效应得到好处的企业就会倾向于模仿而不是自主创新。由于集聚中的企业创新成果很容易被超越，其在创新上投入的成本无法收回，因此，学者们认为垄断组织更有利于专业化集聚区创新能力的提高。

除带来知识溢出、提升创新能力外，专业化集聚还能发挥集聚效应的市场优势，降低企业成本。竞争普遍存在于现代商品经济社会中，一个企业要想在竞争中胜出，就要降低成本，对此，专业化集聚起着重要的作用。专业化集聚中的企业可以在特定业务模块中集中自己的人力优势和资金优势，专业化发展特定的产品和服务，这样不仅可以获得规模经济，还可以降低集聚区内的企业成本。同时，专业化集聚使企业可以共享基础设施等公共物品，而企业共享公共物品则又可以进一步降低集聚区内企业成本。此外，专业化集聚还会带来企业交易成本的降低。一个企业在运输、信息搜集、谈判和管理上都会产生成本，而专业化集聚则使得集聚区内企业得以共享劳动力，从而使企业节省在信息搜集和沟通上的成本，降低信息的不对称性。最后，专业化集聚会带来市场效应，由于集聚区内存在大量技术相似的企业，当市场出现新的产品和服务需求时，这些企业相互之间可以通过合作来满足市场的多样化和高端个性化需求，以有效应对市场挑战。

## 二、多样化集聚对区域创新的影响

多样化集聚对区域创新的影响方式主要有以下两种。

一是以多样化的产品和服务来供给市场，以满足多样化的消费偏好需求。从需求端看，微观经济学的无差异曲线显示了消费者倾向于消费多元化的产品和服务，即消费者具有多样化的偏好。马克思主义政治经济学也提出，经济发展是以满足人民日益增长的物质文化需求为目的的，但这一物质文化需求是多样性的而非单一的，这也表明了消费者的偏好需求具有多样性，消费者倾向于消费多种类型的最终产品。从供给端看，企业作为产品和服务的提供者，就要不断创新生产技术，不断推出新的产品和服务，以满足消费者对产品和服务的多样化需求。在这一过程中，企业会根据市场与消费者的信息反馈，对生产流程和设施进行更新，这样就产生了创新，同时建立起了自己的竞争优势。此外，在多样化集聚区内聚集着大量不同行业的企业，带来了产业技术分布的多样化，这就为想要进入特定行业的新企业提供了更多的技术选择机会和学习机会。在资金和技术缺乏的前提下，这些企业可以选择与自身相契合的生产方式和技术进入市场，直到它们发展壮大。由此可知，多样化集聚在一定程度上打破了市场壁垒，降低了小企业受到的来自大企业的挤出效应，从而为集聚区塑造了良好的创新环境，提高了产业的创新活力。

二是基于产业链的垂直关联效应满足了产业之间的技术互补性，并营造了多元化创新的网络。多样化集聚的支持者认为，产业结构多样化更有利于技术交流和知识交流，多样化集聚区内的企业可以与不同行业产业链上下游的企业进行互动交流，通过整合其他行业的企业思想来实现自身的创新。在多样化集聚区内，技术分布的多样化增加了各行业企业进行交流、模仿、兼并重组的机会，若是互补性技术，则会加强企业间的知识溢出，更好地满足不同企业的技术互补性，政府、企业、高校和研究机构间的产学研合作也会强化互补性技术的溢出效应，营造出多元化的学习与创新网络，从而提高企业的创新能力。互补性创新网络还会为集聚区带来特定的竞争优势，带动与主导产业互补的行业进行创新发展，继而带动整个产业链上游的金融、物流运输和其他服务业等行业以及下游的销售行业创新发展，进而实现整条产业链的转型升级，降低生产成本，提升创新能力。此外，多样化集聚的支持者还认为，多样化集聚区会吸引和培养多样化的人力资源，进一步提升区域创新能力。人力资源的专业化可促使思想与技术的融合和改进，而由不同领域和学科的人员形成的多样化的人力资源也会带来区域创新能力的提升。

# 第四章　中国制造业集聚及区域创新
# 能力发展的历程、现状和空间特征

## 第一节　中国制造业集聚的历程、现状及空间特征

自 20 世纪 80 年代，我国沿海地区就出现了产业集聚现象，我国的制造业集聚一直是学术界关注的热点。本节将从多个角度考察我国制造业的空间集聚特征，详细探讨我国制造业空间集聚的现状及其动态变化情况。

### 一、产业集聚的测度方法

要做好产业集聚的研究，最基础的就是要准确、科学地测算产业集聚的水平。对产业集聚度的测算在产业集聚的研究中占有重要地位。在国际上，随着数据的可获得性及数据质量的提高，产业集聚的测度方法也不断演变，具有代表性的有：Kim 对美国经济活动区域分布的长期变化趋势进行了研究[①]；Ellision 和 Glaeser 对衡量产业集聚程度的指标体系进行了优化[②]；Duranton 和 Overman 则提出了用企业地理位置数据对产业集聚进行

---

[①] Kim S. "Expansion of Markets and the Geographic Distribution of Economic Activities: The Trends in U. S. Regional Manufacturing Structure, 1860—1987". *Quarterly Journal of Economics*, 1995, 110 (4), pp. 881 – 908.

[②] Ellision G, Glaeser E L. "Geographic Concentration in U. S. Manufacturing Industries: A Dartboard Approach". *Journal of Political Economy*, 1997, 105 (5), pp. 889 – 927.

测算的方法[1]。我国学者也对产业集聚进行了广泛的测算[2]，但相较国外研究仍有待于完善。Duranton 和 Overman 提出，一个令人满意的产业集聚测度方法需满足五个标准：产业间可比较、识别产业集中、识别产业总体集聚形式、估计是无偏估计、一个清晰的统计检验。[3] 我国学者孙慧和周好杰、彭耿和刘芳对目前已有的产业集聚测算方法进行了详细介绍和评价，并对其在实际应用中存在的问题进行了总结，提出了产业集聚测算方法的优化方向。[4] 目前常用的产业集聚的测度方法主要有产业集中度、区位商法、空间基尼系数法、赫芬达尔指数、EG 指数法等，本研究使用的产业集聚测算方法主要有以下两种。

## （一）空间基尼系数

意大利经济学家基尼于 1912 年根据洛伦兹曲线提出了基尼系数，用以考察收入分配的公平程度。克鲁格曼将其应用到对美国制造业集聚程度的测算，提出了空间基尼系数，并计算了美国三位数行业的空间基尼系数。[5] 克鲁格曼（1991）计算空间基尼系数的公式为：

$$G = \sum_{i=1}^{N} (S_i - x_i)^2 \qquad\qquad (4-1)$$

其中，$G$ 为空间基尼系数，$S_i$ 为 $i$ 地区某一产业规模（用就业人数、产值等指标来衡量）在全国该产业规模中的比重，$x_i$ 为 $i$ 地区的经济总量在全国经济总量中的比重，$N$ 为地区个数。$G \in [0, 1]$，$G$ 越大，则产业集聚度越高。

---

[1]  Duranton G，Overman H G. "Testing for Localization Using Micro-Geographic Data". *Review of Economic Studies*，2005，72（4），pp. 1077 – 1106.

[2]  参见梁琦《产业集聚论》，商务印书馆 2004 年版；罗勇、曹丽莉《中国制造业集聚程度变动趋势实证研究》，载《经济研究》2005 年第 8 期，第 106 – 115、127 页；路江涌、陶志刚《中国制造业区域聚集及国际比较》，载《经济研究》2006 年第 3 期，第 103 – 114 页；樊福卓《地区专业化测量》，载《经济研究》2007 年第 9 期，第 71 – 83 页。

[3]  Duranton G，Overman H G. "Exploring the Detailed Location Patterns of UK Manufacturing Industries Using Micro-geographic Data". *Journal of Regional Science*，2008，48（1），pp. 213 – 243.

[4]  参见孙慧、周好杰《产业集聚水平测度方法综述》，载《科技管理研究》2009 第 6 期，第 449 – 451 页；彭耿、刘芳《产业集聚度测量研究综述》，载《技术与创新管理》2010 年第 2 期，第 181 – 184、201 页。

[5]  Krugman P. *Geography and Trade*. Leuven：Leuven University Press，1991.

### （二）区位商

区位商是地区某产业规模占地区经济总量的比重与全国该产业规模占全国经济总量的比重之比，计算公式为：

$$LQ_{ij} = \frac{\dfrac{q_{ij}}{q_i}}{\dfrac{q_j}{q}} \qquad (4-2)$$

其中，$q_{ij}$ 为 $i$ 地区的 $j$ 产业规模，$q_i$ 为 $i$ 地区的经济总量，$q_j$ 为全国 $j$ 产业规模，$q$ 为全国经济总量。当区位商大于 1 时，表明该产业是地区的专业化产业部门，存在产业集聚；当区位商小于 1 时，表明该产业不是地区的专业化产业部门，不存在产业集聚。

## 二、中国制造业集聚特征分析

本研究数据来源于 2006—2012 年《中国工业经济统计年鉴》及 2013—2020 年《中国工业统计年鉴》。其中，需要说明的是：

（1）由于每年的统计年鉴统计的行业会有些许差异，如 2007 年的统计年鉴缺少纺织服装、服饰业等产业的数据，因此，为保持年份之间产业的一致性，本研究选取历年统计年鉴分地区部分均有统计的 20 个行业进行测算，使用的指标为全年从业人员平均数。

（2）我国《国民经济行业分类》（GB/T 4754—2017）的初版为 1984 年版，历经四次修订，在行业分类上有一定的变化，如在 2013 年及以后的《中国工业统计年鉴》中，交通运输设备制造业被分为汽车制造业，铁路、船舶、航空航天和其他运输设备制造业。因此，为保持行业的一致性以便于比较，我们仍然将其合并为交通运输设备制造业，与之前的年份进行统一。

（3）由于个别年份数据缺失，如 2013 年《中国工业统计年鉴》中没有全年从业人员平均数指标的统计，2018 年和 2019 年《中国工业统计年鉴》没有出版，因此，2012 年和 2017 年的数据来自 2013 年和 2018 年各省统计年鉴，2018 年的数据来自《中国经济普查年鉴 2018》，个别缺失的数据采用平滑方式进行补齐。

## （一）中国制造业行业集聚特征

对我国制造业行业集聚特征的研究使用的是 2005—2019 年 31 个省区市[①]的制造业数据，并使用空间基尼系数对其进行测度，具体结果见表 4 - 1。

表 4 - 1  我国制造业行业集聚程度测度结果

| 分 类 | 2005 年 | 2009 年 | 2014 年 | 2019 年 |
|---|---|---|---|---|
| 农副食品加工业 | 0.0443 | 0.0376 | 0.0255 | 0.0803 |
| 食品制造业 | 0.0135 | 0.0111 | 0.0078 | 0.0094 |
| 酒、饮料和精制茶制造业 | 0.0065 | 0.0059 | 0.0107 | 0.0189 |
| 烟草制品业 | 0.0258 | 0.0263 | 0.0491 | 0.0205 |
| 纺织业 | 0.0498 | 0.0554 | 0.0418 | 0.0614 |
| 造纸和纸制品业 | 0.0266 | 0.0343 | 0.0185 | 0.0566 |
| 石油加工、炼焦和核燃料加工业 | 0.0660 | 0.0556 | 0.0365 | 0.0402 |
| 化学原料和化学制品制造业 | 0.0094 | 0.0123 | 0.0142 | 0.0077 |
| 医药制造业 | 0.0068 | 0.0073 | 0.0078 | 0.0082 |
| 化学纤维制造业 | 0.0683 | 0.1064 | 0.1515 | 0.1414 |
| 非金属矿物制品业 | 0.0075 | 0.0073 | 0.0064 | 0.0066 |
| 黑色金属冶炼和压延加工业 | 0.0243 | 0.0264 | 0.0230 | 0.0299 |
| 有色金属冶炼和压延加工业 | 0.0107 | 0.0079 | 0.0092 | 0.0094 |
| 金属制品业 | 0.0744 | 0.0630 | 0.0370 | 0.0406 |
| 通用设备制造业 | 0.0397 | 0.0378 | 0.0316 | 0.0407 |
| 专用设备制造业 | 0.0162 | 0.0181 | 0.0184 | 0.0295 |
| 交通运输设备制造业 | 0.0195 | 0.0189 | 0.0178 | 0.0171 |
| 电气机械和器材制造业 | 0.1137 | 0.0942 | 0.0711 | 0.0818 |

---

① 本研究选取的测算对象为我国 31 个省区市，不包括香港、澳门、台湾地区。

续表 4-1

| 分　类 | 2005 年 | 2009 年 | 2014 年 | 2019 年 |
| --- | --- | --- | --- | --- |
| 计算机、通信和其他电子设备制造业 | 0.1878 | 0.1788 | 0.1221 | 0.1095 |
| 仪器仪表制造业 | 0.0983 | 0.1788 | 0.0671 | 0.0543 |
| 平均数 | 0.0455 | 0.0492 | 0.0384 | 0.0432 |

　　由表 4-1 可以看出，2005 年、2009 年、2014 年和 2019 年我国制造业行业的平均集聚度分别为 0.0455、0.0492、0.0384 和 0.0432，数值均较高，说明制造业存在明显的集聚现象，我国地区发展不均衡，存在梯度差距。从变化趋势来看，制造业集聚经历了先上升后下降再上升的变化趋势，说明中国制造业集聚程度总体呈"N"形变化趋势。分行业来看，高度集聚的行业有 6 个，中度集聚的行业有 11 个，相对分散的行业有 3 个。2019 年集聚程度最高的为化学纤维制造业，且其每一年的集聚度均较高，这是因为化学纤维制造业大部分为私营企业，在功能上具有较强的灵活性，使其能够更容易转向差异化和功能化生产，形成高度集中。农副食品加工业、食品制造业以及酒、饮料和精制茶制造业等产业的集聚度较低，因为这些产业具有市场指向性，我国消费市场巨大，随着人民生活水平的提高，对这些产业的产品需求增多，使其在每个地区均有分布。

　　由表 4-2 可知，集聚程度高的产业多为资本密集型和技术密集型产业。在工业化加速发展过程中，大型生产设备和使用先进技术的设备在制造业中得到广泛使用，使得资本密集型产业和技术密集型产业形成高度集聚。伴随着我国到达"刘易斯拐点"，人口红利正在逐步消失，劳动力成本上升，新常态下的产业发展要求使国家加强扶持资本密集型和技术密集型产业以调整产业结构，减轻资源负担，使得劳动密集型产业集聚水平下降。而纺织业等劳动密集型产业则是由于我国具有廉价劳动力优势，在加入 WTO 以后东部地区利用其地理位置的优势发展出口导向型产业，从而在东部地区高度集聚。之后随着劳动力成本上升，加上环境污染以及东部地区土地资源紧张等原因，劳动密集型产业向中西部转移，集聚水平下降，但变化幅度较小。

表4-2 我国制造业产业集聚类型

| 集聚类型 | 产业数量 | 产业名称 |
|---|---|---|
| 高度集聚 | 6 | 纺织业，化学纤维制造业，金属制品业，电气机械和器材制造业，计算机、通信和其他电子设备制造业，仪器仪表制造业 |
| 中度集聚 | 11 | 农副食品加工业，食品制造业，酒、饮料和精制茶制造业，烟草制品业，造纸和纸制品业，石油加工、炼焦和核燃料加工业，化学原料和化学制品制造业，黑色金属冶炼和压延加工业，通用设备制造业，专用设备制造业，交通运输设备制造业 |
| 相对分散 | 3 | 医药制造业，非金属矿物制品业，有色金属冶炼和压延加工业 |

## （二）中国制造业地区集聚特征

对我国制造业地区集聚特征的研究是通过计算区位商进行的。根据《国民经济行业分类》（GB/T 4754—2017）分类方法以及不同产业中要素相对密集度，将20个制造业二位数行业划分为劳动密集型、资本密集型和技术密集型三类产业（见表4-3）。

表4-3 制造业要素密集型分类

| 劳动密集型 | 资本密集型 | 技术密集型 |
|---|---|---|
| 农副食品加工业 | 石油加工、炼焦和核燃料加工业 | 化学原料和化学制品制造业 |
| 食品制造业 | 非金属矿物制品业 | 医药制造业 |
| 酒、饮料和精制茶制造业 | 黑色金属冶炼和压延加工业 | 化学纤维制造业 |
| 烟草制品业 | 有色金属冶炼和压延加工业 | 交通运输设备制造业 |
| 纺织业 | 金属制品业 | 电气机械和器材制造业 |
| 造纸和纸制品业 | 通用设备制造业 | 计算机、通信和其他电子设备制造业 |
| | 专用设备制造业 | |
| | 仪器仪表制造业 | |

资料来源：国家统计局网站。

表4-4显示了我国劳动密集型制造业2005年和2019年空间集聚态势。从表中可以看出，2005年我国劳动密集型制造业主要集聚于东部地区和中部地区个别省区市，西部地区集聚度较小。其主要原因是我国劳动力成本较低，劳动密集型产业一直是我国的优势产业，东部地区作为改革开放的排头兵，经过多年的发展积累了一定的产业优势，加之2001年我国加入WTO以后，东部地区更是利用地理位置的优势大力发展纺织业等出口导向型产业，使之形成高度的产业集聚。而中部地区个别省区市的劳动密集型产业也出现了集聚度较高的现象，这说明劳动密集型产业已经出现由东部地区向中西部地区转移的迹象。2019年我国劳动密集型制造业主要集聚于中部地区和西部地区个别省区市，而东部地区的集聚度很小，出现了明显的产业转移现象，这可能是由于我国东部地区经过多年的发展出现了劳动力成本上升、资源短缺和交通拥挤等问题，因此，东部地区出现拥挤效应。同时，我国实施振兴东北老工业基地、中部崛起和西部大开发等战略以及产业转移政策，使得在东部地区发展成熟的传统产业向中西部转移。而东北地区和中部地区集聚度要高于西部地区，因为这些地区与东部沿海地区空间邻近，具有承接产业转移的优势，这说明产业转移具有空间邻近性，周边地区更容易受到产业溢出效应的影响。纺织业、造纸和纸制品业在东部具有较高的集聚水平，这主要是因为纺织业为出口导向型产业，东部地区具有优越的地理位置，且造纸和纸制品业对水资源的需求较高，而中西部地区的水资源较东部地区来说比较短缺。

表4-5显示了我国资本密集型制造业在2005年及2019年的空间集聚态势。从该表中可以看出，在这两个年份中，石油加工、炼焦和核燃料加工业，非金属矿物制品业，黑色金属冶炼和压延加工业，有色金属冶炼和压延加工业等产业在山西、甘肃、宁夏等中西部地区集聚度高，因为这些产业不仅依赖于资本，还对资源有一定的依赖，而这些地区的资源均较为丰富。然而，从原始数据中我们可以看出，产值较高的产业依然分布在东部沿海的江苏、浙江以及东南沿海的广东等地区。其他资本密集型产业主要集中于东南部沿海地区，主要是因为这里的基础设施完善，投资环境比较理想，容易吸引投资发展产业。

表 4 - 4  2005 年和 2019 年我国劳动密集型制造业集聚态势

| 省区市 | 农副食品加工业 | | 食品制造业 | | 酒、饮料和精制茶制造业 | | 烟草制品业 | | 纺织业 | | 造纸和纸制品业 | |
| --- | --- | --- | --- | --- | --- | --- | --- | --- | --- | --- | --- | --- |
| | 2005 年 | 2019 年 | 2005 年 | 2019 年 | 2005 年 | 2019 年 | 2005 年 | 2019 年 | 2005 年 | 2019 年 | 2005 年 | 2019 年 |
| 北京 | 1.21 | 0.76 | 2.82 | 1.40 | 2.32 | 1.34 | 0.33 | 0.32 | 0.50 | 0.03 | 0.70 | 0.21 |
| 天津 | 0.95 | 0.49 | 1.71 | 0.87 | 1.20 | 0.38 | 0.43 | 0.31 | 0.88 | 0.14 | 1.25 | 0.74 |
| 河北 | 0.72 | 1.05 | 1.18 | 0.80 | 0.87 | 0.49 | 0.64 | 0.63 | 0.83 | 0.43 | 0.99 | 0.47 |
| 山西 | 0.49 | 0.55 | 0.69 | 0.39 | 0.89 | 0.98 | 0.37 | 0.24 | 0.35 | 0.06 | 0.24 | 0.09 |
| 内蒙古 | 1.42 | 1.13 | 1.77 | 1.58 | 1.51 | 0.62 | 0.74 | 1.01 | 0.68 | 0.08 | 0.55 | 0.23 |
| 辽宁 | 1.82 | 2.52 | 1.01 | 0.60 | 0.96 | 0.43 | 0.47 | 0.51 | 0.53 | 0.15 | 0.78 | 0.42 |
| 吉林 | 1.33 | 2.02 | 0.58 | 0.57 | 1.54 | 0.78 | 1.21 | 1.52 | 0.25 | 0.06 | 0.52 | 0.25 |
| 黑龙江 | 1.18 | 1.92 | 1.22 | 0.79 | 1.31 | 0.62 | 1.40 | 1.39 | 0.31 | 0.10 | 0.70 | 0.21 |
| 上海 | 0.68 | 0.90 | 3.32 | 2.14 | 1.21 | 0.54 | 1.74 | 1.42 | 2.13 | 0.35 | 1.86 | 1.07 |
| 江苏 | 0.75 | 1.23 | 0.72 | 0.78 | 1.18 | 0.67 | 0.62 | 0.68 | 2.91 | 2.80 | 1.11 | 1.20 |
| 浙江 | 0.83 | 0.89 | 1.12 | 0.76 | 1.11 | 0.64 | 0.38 | 0.48 | 4.10 | 3.63 | 2.42 | 2.14 |
| 安徽 | 0.49 | 1.31 | 0.59 | 0.59 | 1.04 | 0.84 | 0.95 | 0.97 | 0.43 | 0.45 | 0.31 | 0.40 |
| 福建 | 1.54 | 3.99 | 2.04 | 2.56 | 1.20 | 2.73 | 0.74 | 0.98 | 1.42 | 2.15 | 1.88 | 2.41 |
| 江西 | 0.42 | 1.51 | 0.53 | 0.70 | 0.56 | 0.60 | 1.06 | 1.02 | 0.47 | 0.72 | 0.40 | 0.72 |
| 山东 | 3.40 | 3.73 | 1.87 | 1.06 | 1.59 | 0.64 | 0.59 | 0.74 | 1.97 | 1.46 | 2.05 | 1.21 |
| 河南 | 1.19 | 2.46 | 1.32 | 1.54 | 0.94 | 0.92 | 1.35 | 1.08 | 0.59 | 0.72 | 1.00 | 0.72 |

续表 4－4

| 省区市 | 农副食品加工业 | | 食品制造业 | | 酒、饮料和精制茶制造业 | | 烟草制品业 | | 纺织业 | | 造纸和纸制品业 | |
| --- | --- | --- | --- | --- | --- | --- | --- | --- | --- | --- | --- | --- |
| | 2005 年 | 2019 年 | 2005 年 | 2019 年 | 2005 年 | 2019 年 | 2005 年 | 2019 年 | 2005 年 | 2019 年 | 2005 年 | 2019 年 |
| 湖北 | 0.59 | 2.42 | 0.71 | 1.02 | 0.78 | 1.38 | 1.49 | 1.06 | 0.83 | 4.54 | 0.46 | 0.67 |
| 湖南 | 0.48 | 3.16 | 0.74 | 1.82 | 0.43 | 1.32 | 1.03 | 1.60 | 0.35 | 0.42 | 0.68 | 0.92 |
| 广东 | 0.75 | 1.08 | 1.39 | 1.23 | 0.78 | 0.67 | 0.52 | 0.60 | 1.44 | 0.85 | 2.34 | 3.47 |
| 广西 | 1.04 | 1.86 | 0.40 | 0.40 | 0.42 | 0.75 | 0.42 | 0.60 | 0.20 | 0.30 | 0.56 | 0.71 |
| 海南 | 1.58 | 1.64 | 0.74 | 0.59 | 0.79 | 0.52 | 0.38 | 0.53 | 0.23 | 0.03 | 0.47 | 0.48 |
| 重庆 | 0.44 | 1.74 | 0.44 | 0.84 | 0.55 | 0.80 | 1.55 | 1.42 | 0.36 | 0.13 | 0.34 | 0.87 |
| 四川 | 0.60 | 1.49 | 0.50 | 0.91 | 1.50 | 2.69 | 0.50 | 0.53 | 0.31 | 0.30 | 0.52 | 0.67 |
| 贵州 | 0.18 | 0.50 | 0.24 | 0.29 | 0.82 | 2.30 | 2.80 | 2.09 | 0.04 | 0.03 | 0.12 | 0.26 |
| 云南 | 0.48 | 1.12 | 0.21 | 0.49 | 0.46 | 0.82 | 4.64 | 4.25 | 0.08 | 0.03 | 0.27 | 0.24 |
| 西藏 | 0.11 | 0.12 | 0.17 | 0.07 | 0.45 | 0.47 | 0.00 | 0.00 | 0.02 | 0.01 | 0.00 | 0.06 |
| 陕西 | 0.42 | 1.54 | 0.65 | 1.09 | 0.82 | 1.67 | 1.26 | 1.91 | 0.52 | 0.36 | 0.72 | 0.33 |
| 甘肃 | 0.65 | 0.64 | 0.27 | 0.24 | 0.89 | 0.48 | 0.76 | 0.92 | 0.10 | 0.05 | 0.30 | 0.08 |
| 青海 | 0.32 | 0.43 | 0.18 | 0.47 | 0.47 | 0.63 | 0.00 | 0.00 | 0.13 | 0.02 | 0.06 | 0.00 |
| 宁夏 | 0.48 | 0.84 | 1.31 | 1.52 | 1.37 | 0.40 | 0.49 | 0.53 | 0.30 | 0.73 | 2.69 | 0.43 |
| 新疆 | 0.80 | 1.08 | 0.75 | 0.76 | 0.93 | 0.45 | 0.32 | 0.30 | 0.86 | 1.17 | 0.60 | 0.12 |
| 均值 | 0.88 | 1.49 | 1.00 | 0.93 | 1.00 | 0.92 | 0.94 | 0.96 | 0.78 | 0.72 | 0.87 | 0.70 |

表 4 - 5　2005 年和 2019 年我国资本密集型制造业集聚态势

| 省区市 | 石油加工、炼焦和核燃料加工业 | | 非金属矿物制品业 | | 黑色金属冶炼和压延加工业 | | 有色金属冶炼和压延加工业 | |
|---|---|---|---|---|---|---|---|---|
| | 2005 年 | 2019 年 | 2005 年 | 2019 年 | 2005 年 | 2019 年 | 2005 年 | 2019 年 |
| 北京 | 2.64 | 0.66 | 1.33 | 0.45 | 1.86 | 0.05 | 0.58 | 0.10 |
| 天津 | 1.82 | 0.94 | 0.60 | 0.42 | 2.62 | 1.88 | 0.56 | 0.53 |
| 河北 | 1.05 | 1.12 | 1.24 | 0.73 | 2.79 | 3.63 | 0.40 | 0.29 |
| 山西 | 11.12 | 5.24 | 1.36 | 0.86 | 3.30 | 2.54 | 3.08 | 1.16 |
| 内蒙古 | 1.70 | 2.20 | 0.79 | 0.52 | 2.32 | 2.57 | 1.84 | 2.08 |
| 辽宁 | 2.46 | 3.92 | 1.43 | 0.81 | 3.65 | 2.65 | 1.44 | 1.05 |
| 吉林 | 0.52 | 0.34 | 0.73 | 0.57 | 0.68 | 0.68 | 0.49 | 0.21 |
| 黑龙江 | 2.77 | 2.45 | 0.49 | 0.23 | 0.43 | 0.31 | 0.39 | 0.14 |
| 上海 | 2.61 | 1.07 | 1.52 | 0.54 | 1.38 | 0.63 | 2.05 | 0.47 |
| 江苏 | 0.47 | 0.44 | 1.03 | 1.08 | 1.23 | 1.64 | 0.92 | 1.17 |
| 浙江 | 0.36 | 0.47 | 1.10 | 0.92 | 0.61 | 0.63 | 1.23 | 0.95 |
| 安徽 | 0.17 | 0.20 | 0.41 | 0.76 | 0.50 | 0.55 | 0.48 | 0.63 |
| 福建 | 0.18 | 0.47 | 2.01 | 2.32 | 0.48 | 0.98 | 0.49 | 1.11 |
| 江西 | 0.38 | 0.61 | 0.81 | 1.55 | 0.65 | 0.71 | 1.02 | 2.18 |

续表 4-5

| 省区市 | 石油加工、炼焦和核燃料加工业 | | 非金属矿物制品业 | | 黑色金属冶炼和压延加工业 | | 有色金属冶炼和压延加工业 | |
| --- | --- | --- | --- | --- | --- | --- | --- | --- |
| | 2005 年 | 2019 年 | 2005 年 | 2019 年 | 2005 年 | 2019 年 | 2005 年 | 2019 年 |
| 山东 | 1.22 | 1.91 | 1.58 | 0.93 | 0.82 | 0.97 | 0.87 | 1.26 |
| 河南 | 0.41 | 0.52 | 1.18 | 1.23 | 0.52 | 0.66 | 1.01 | 1.53 |
| 湖北 | 0.30 | 0.21 | 0.65 | 1.14 | 1.03 | 0.82 | 0.55 | 0.52 |
| 湖南 | 0.54 | 0.46 | 0.88 | 1.65 | 0.62 | 0.46 | 1.09 | 1.39 |
| 广东 | 0.46 | 0.36 | 1.51 | 1.44 | 0.33 | 0.39 | 1.09 | 1.00 |
| 广西 | 0.09 | 0.20 | 0.78 | 0.89 | 0.45 | 0.74 | 1.06 | 0.85 |
| 海南 | 0.05 | 0.37 | 0.34 | 0.29 | 0.11 | 0.00 | 0.06 | 0.04 |
| 重庆 | 0.24 | 0.11 | 0.96 | 1.24 | 0.50 | 0.42 | 0.70 | 0.93 |
| 四川 | 0.29 | 0.35 | 0.77 | 0.94 | 0.96 | 0.66 | 0.41 | 0.39 |
| 贵州 | 0.41 | 0.16 | 0.49 | 0.71 | 0.90 | 0.36 | 0.97 | 0.41 |
| 云南 | 0.31 | 0.41 | 0.38 | 0.43 | 0.57 | 0.58 | 1.86 | 1.28 |
| 西藏 | 0.00 | 0.00 | 0.55 | 0.26 | 0.00 | 0.00 | 0.00 | 0.00 |
| 陕西 | 1.02 | 3.11 | 0.56 | 0.86 | 0.35 | 0.61 | 0.83 | 1.44 |
| 甘肃 | 2.93 | 1.84 | 0.60 | 0.46 | 0.86 | 1.12 | 3.70 | 1.82 |

续表4-5

| 省区市 | 石油加工、炼焦和核燃料加工工业 | | 非金属矿物制品业 | | 黑色金属冶炼和压延加工工业 | | 有色金属冶炼和压延加工工业 | |
| --- | --- | --- | --- | --- | --- | --- | --- | --- |
| | 2005年 | 2019年 | 2005年 | 2019年 | 2005年 | 2019年 | 2005年 | 2019年 |
| 青海 | 0.00 | 0.44 | 0.70 | 0.54 | 1.13 | 1.79 | 2.25 | 3.96 |
| 宁夏 | 2.90 | 6.82 | 0.92 | 0.91 | 1.28 | 2.79 | 3.56 | 2.79 |
| 新疆 | 2.66 | 3.44 | 0.67 | 0.76 | 0.67 | 0.66 | 0.37 | 1.46 |
| 均值 | 1.36 | 1.32 | 0.92 | 0.85 | 1.08 | 1.05 | 1.14 | 1.02 |

| 省区市 | 金属制品业 | | 通用设备制造业 | | 专用设备制造业 | | 仪器仪表制造业 | |
| --- | --- | --- | --- | --- | --- | --- | --- | --- |
| | 2005年 | 2019年 | 2005年 | 2019年 | 2005年 | 2019年 | 2005年 | 2019年 |
| 北京 | 1.57 | 0.43 | 1.52 | 0.71 | 2.47 | 1.35 | 2.91 | 2.04 |
| 天津 | 2.55 | 1.33 | 1.49 | 0.86 | 1.56 | 1.04 | 1.52 | 0.74 |
| 河北 | 0.88 | 0.94 | 0.84 | 0.47 | 0.88 | 0.71 | 0.23 | 0.47 |
| 山西 | 0.54 | 0.63 | 1.10 | 0.29 | 1.35 | 0.63 | 0.29 | 0.16 |
| 内蒙古 | 0.19 | 0.49 | 0.32 | 0.06 | 1.33 | 0.10 | 0.00 | 0.01 |
| 辽宁 | 0.95 | 1.04 | 2.10 | 1.35 | 1.74 | 0.77 | 0.86 | 0.75 |
| 吉林 | 0.19 | 0.15 | 0.46 | 0.19 | 0.64 | 0.24 | 0.16 | 0.12 |

续表 4－5

| 省区市 | 金属制品业 | | 通用设备制造业 | | 专用设备制造业 | | 仪器仪表制造业 | |
| --- | --- | --- | --- | --- | --- | --- | --- | --- |
| | 2005 年 | 2019 年 | 2005 年 | 2019 年 | 2005 年 | 2019 年 | 2005 年 | 2019 年 |
| 黑龙江 | 0.31 | 0.11 | 0.68 | 0.32 | 1.10 | 0.40 | 0.40 | 0.33 |
| 上海 | 5.30 | 1.70 | 5.04 | 3.34 | 3.75 | 2.15 | 4.31 | 2.49 |
| 江苏 | 2.10 | 2.28 | 2.48 | 3.14 | 1.83 | 2.91 | 1.59 | 3.09 |
| 浙江 | 3.31 | 2.54 | 3.93 | 3.64 | 1.82 | 2.05 | 3.42 | 3.19 |
| 安徽 | 0.26 | 0.60 | 0.41 | 0.70 | 0.33 | 0.60 | 0.14 | 0.34 |
| 福建 | 0.97 | 1.28 | 0.62 | 1.06 | 0.71 | 0.98 | 2.54 | 1.10 |
| 江西 | 0.22 | 0.51 | 0.25 | 0.54 | 0.33 | 0.53 | 0.47 | 0.66 |
| 山东 | 1.02 | 0.92 | 1.54 | 1.10 | 1.56 | 1.11 | 0.59 | 0.66 |
| 河南 | 0.26 | 0.60 | 0.65 | 0.75 | 1.00 | 0.86 | 0.34 | 0.67 |
| 湖北 | 0.41 | 0.79 | 0.54 | 0.61 | 0.37 | 0.79 | 0.31 | 0.76 |
| 湖南 | 0.23 | 0.76 | 0.32 | 0.71 | 0.64 | 1.10 | 0.19 | 0.40 |
| 广东 | 3.90 | 2.78 | 0.92 | 1.54 | 1.50 | 2.13 | 4.62 | 2.61 |
| 广西 | 0.11 | 0.18 | 0.19 | 0.16 | 0.32 | 0.26 | 0.14 | 0.13 |
| 海南 | 0.12 | 0.04 | 0.03 | 0.01 | 0.09 | 0.03 | 0.06 | 0.00 |

续表 4-5

| 省区市 | 金属制品业 | | 通用设备制造业 | | 专用设备制造业 | | 仪器仪表制造业 | |
|---|---|---|---|---|---|---|---|---|
| | 2005 年 | 2019 年 | 2005 年 | 2019 年 | 2005 年 | 2019 年 | 2005 年 | 2019 年 |
| 重庆 | 0.39 | 0.82 | 0.62 | 0.96 | 0.98 | 0.70 | 1.14 | 1.18 |
| 四川 | 0.23 | 0.55 | 0.43 | 0.51 | 0.44 | 0.53 | 0.11 | 0.36 |
| 贵州 | 0.23 | 0.23 | 0.16 | 0.12 | 0.19 | 0.10 | 0.15 | 0.08 |
| 云南 | 0.08 | 0.11 | 0.14 | 0.07 | 0.21 | 0.10 | 0.14 | 0.14 |
| 西藏 | 0.00 | 0.01 | 0.00 | 0.00 | 0.00 | 0.00 | 0.00 | 0.00 |
| 陕西 | 0.22 | 0.49 | 0.56 | 0.49 | 1.16 | 0.75 | 0.71 | 1.01 |
| 甘肃 | 0.15 | 0.10 | 0.29 | 0.13 | 0.40 | 0.25 | 0.23 | 0.02 |
| 青海 | 0.46 | 0.10 | 0.43 | 0.13 | 0.09 | 0.02 | 0.19 | 0.11 |
| 宁夏 | 0.54 | 0.33 | 0.84 | 0.36 | 0.56 | 0.32 | 0.78 | 0.37 |
| 新疆 | 0.23 | 0.13 | 0.12 | 0.01 | 0.16 | 0.09 | 0.03 | 0.01 |
| 均值 | 0.90 | 0.74 | 0.93 | 0.78 | 0.95 | 0.76 | 0.92 | 0.77 |

　　表4-6显示了我国技术密集型制造业在2005年和2019年的空间集聚态势。2005年和2019年我国技术密集型产业主要集中于东部地区，因为该地区经济发达、人才众多，能够为技术密集型产业发展提供良好的科研环境，对技术密集型产业具有较强的吸引力。而中部和西部地区集聚程度较弱，西部地区更弱于中部地区，这与我国区域经济发展情况具有相似性。

　　从制造业集聚均值来看，技术密集型产业要小于劳动密集型产业和资本密集型产业。这是因为技术密集型产业规模效益大、附加值高，能够提供较高的税收，产业之间的联系也较为紧密。而我国由于财政分权引起市场分割，地方保护主义较为严重，或者落后地区依靠后发优势大力发展新兴产业，加之技术密集型产业具有较强的发展潜力，一旦受到外商投资、全球价值链升级以及政府政策的影响，就会迅速发展，因此，技术密集型产业在各个省区市均有一定分布，其集聚程度低于另外两种类型的产业。

　　从上面的分析可知，不同的地区具有不同的产业政策、交易成本，而且不同的产业具有不同的特点，使得各个产业在不同地区的发展水平不尽相同。这也从侧面说明了交易成本上升、地方保护主义存在和行业垄断，致使制造业统筹规划、资源流动、跨区合作的产业政策只能停留在管理互动层面，无法有效发挥产业溢出效应，且产业发展所需资源、技术和管理经验只能局限于特定产业或区域。因此，政府应当加强制造业生产要素的跨区和跨产业自由流动，使不同产业均能得到充分发展。

表4-6 2005年和2019年我国技术密集型制造业集聚态势

| 省区市 | 化学原料和化学制品制造业 | | 医药制造业 | | 化学纤维制造业 | | 交通运输设备制造业 | | 电气机械和器材制造业 | | 计算机、通信和其他电子设备制造业 | |
| --- | --- | --- | --- | --- | --- | --- | --- | --- | --- | --- | --- | --- |
| | 2005年 | 2019年 | 2005年 | 2019年 | 2005年 | 2019年 | 2005年 | 2019年 | 2005年 | 2019年 | 2005年 | 2019年 |
| 北京 | 1.06 | 0.36 | 2.46 | 2.66 | 0.17 | 0.09 | 2.51 | 1.46 | 1.06 | 0.48 | 2.18 | 0.67 |
| 天津 | 1.75 | 0.75 | 2.70 | 1.35 | 0.55 | 0.04 | 2.34 | 1.68 | 1.25 | 0.65 | 2.31 | 0.70 |
| 河北 | 0.97 | 0.82 | 1.19 | 0.78 | 0.59 | 0.98 | 0.59 | 0.70 | 0.34 | 0.35 | 0.10 | 0.15 |
| 山西 | 1.72 | 0.98 | 1.05 | 0.69 | 0.15 | 0.04 | 0.49 | 0.35 | 0.21 | 0.15 | 0.11 | 0.51 |
| 内蒙古 | 1.10 | 1.54 | 0.81 | 0.67 | 0.08 | 0.00 | 0.17 | 0.11 | 0.12 | 0.05 | 0.11 | 0.06 |
| 辽宁 | 1.28 | 0.80 | 1.03 | 0.66 | 2.51 | 0.25 | 1.83 | 1.50 | 0.99 | 0.46 | 0.59 | 0.23 |
| 吉林 | 1.28 | 0.81 | 2.05 | 1.66 | 1.67 | 1.08 | 3.26 | 2.49 | 0.18 | 0.06 | 0.10 | 0.05 |
| 黑龙江 | 0.40 | 0.36 | 1.52 | 0.90 | 0.20 | 0.02 | 0.71 | 0.18 | 0.33 | 0.15 | 0.03 | 0.01 |
| 上海 | 2.46 | 1.73 | 3.12 | 1.78 | 1.54 | 0.26 | 4.09 | 2.93 | 4.16 | 1.92 | 4.66 | 2.09 |
| 江苏 | 1.87 | 1.76 | 1.20 | 1.80 | 3.61 | 5.53 | 1.43 | 2.02 | 1.82 | 2.63 | 2.90 | 2.92 |
| 浙江 | 1.30 | 1.30 | 1.73 | 1.53 | 4.74 | 6.01 | 2.40 | 1.95 | 3.30 | 3.07 | 1.29 | 1.15 |
| 安徽 | 0.47 | 0.63 | 0.46 | 0.63 | 0.23 | 0.32 | 0.45 | 0.64 | 0.38 | 0.88 | 0.10 | 0.46 |
| 福建 | 0.66 | 0.87 | 0.55 | 0.58 | 1.47 | 2.82 | 0.77 | 0.70 | 1.28 | 1.16 | 1.61 | 1.09 |
| 江西 | 0.58 | 1.18 | 1.23 | 1.47 | 0.74 | 0.38 | 0.55 | 0.60 | 0.32 | 1.03 | 0.22 | 1.20 |
| 山东 | 1.62 | 1.54 | 1.22 | 1.51 | 1.00 | 0.50 | 0.97 | 0.91 | 0.88 | 0.48 | 0.53 | 0.36 |
| 河南 | 0.69 | 0.77 | 0.83 | 0.75 | 0.94 | 0.58 | 0.37 | 0.52 | 0.30 | 0.52 | 0.07 | 0.59 |

续表4-6

| 省区市 | 化学原料和化学制品制造业 | | 医药制造业 | | 化学纤维制造业 | | 交通运输设备制造业 | | 电气机械和器材制造业 | | 计算机、通信和其他电子设备制造业 | |
|---|---|---|---|---|---|---|---|---|---|---|---|---|
| | 2005年 | 2019年 | 2005年 | 2019年 | 2005年 | 2019年 | 2005年 | 2019年 | 2005年 | 2019年 | 2005年 | 2019年 |
| 湖北 | 0.76 | 1.20 | 0.97 | 1.32 | 0.45 | 0.31 | 1.37 | 1.69 | 0.22 | 0.57 | 0.17 | 0.48 |
| 湖南 | 1.08 | 1.75 | 0.45 | 0.80 | 0.34 | 0.18 | 0.44 | 0.66 | 0.27 | 0.53 | 0.10 | 0.64 |
| 广东 | 0.93 | 1.11 | 0.82 | 0.80 | 0.59 | 0.32 | 0.98 | 1.34 | 5.14 | 3.67 | 6.48 | 4.40 |
| 广西 | 0.58 | 0.38 | 0.72 | 0.39 | 0.03 | 0.00 | 0.44 | 0.60 | 0.11 | 0.16 | 0.06 | 0.29 |
| 海南 | 0.26 | 0.15 | 0.92 | 1.17 | 0.40 | 0.00 | 0.45 | 0.06 | 0.11 | 0.09 | 0.04 | 0.01 |
| 重庆 | 0.83 | 0.64 | 0.86 | 1.01 | 0.02 | 0.26 | 3.53 | 3.12 | 0.32 | 0.57 | 0.09 | 1.44 |
| 四川 | 0.77 | 0.75 | 0.76 | 1.01 | 0.43 | 0.61 | 0.61 | 0.58 | 0.22 | 0.34 | 0.34 | 0.68 |
| 贵州 | 0.69 | 0.52 | 0.66 | 0.68 | 0.03 | 0.01 | 0.51 | 0.34 | 0.13 | 0.15 | 0.09 | 0.22 |
| 云南 | 0.61 | 0.49 | 0.41 | 0.45 | 0.02 | 0.03 | 0.16 | 0.09 | 0.08 | 0.07 | 0.01 | 0.07 |
| 西藏 | 0.04 | 0.06 | 0.45 | 0.29 | 0.00 | 0.00 | 0.20 | 0.00 | 0.00 | 0.01 | 0.00 | 0.00 |
| 陕西 | 0.68 | 0.91 | 1.02 | 0.97 | 0.05 | 0.09 | 1.42 | 1.37 | 0.47 | 0.47 | 0.48 | 0.40 |
| 甘肃 | 0.78 | 0.31 | 0.46 | 0.36 | 2.21 | 0.01 | 0.18 | 0.04 | 0.28 | 0.11 | 0.10 | 0.07 |
| 青海 | 1.16 | 1.85 | 0.78 | 0.49 | 0.00 | 0.00 | 0.08 | 0.00 | 0.03 | 0.34 | 0.00 | 0.08 |
| 宁夏 | 1.95 | 2.20 | 0.91 | 0.69 | 0.06 | 0.25 | 0.01 | 0.03 | 0.20 | 0.29 | 0.04 | 0.20 |
| 新疆 | 0.55 | 1.15 | 0.17 | 0.31 | 0.46 | 1.42 | 0.13 | 0.02 | 0.13 | 0.13 | 0.05 | 0.01 |
| 均值 | 1.00 | 0.96 | 1.08 | 0.97 | 0.82 | 0.72 | 1.08 | 0.93 | 0.79 | 0.70 | 0.80 | 0.68 |

### （三）中国制造业集聚的专业化和多样化特征

对产业专业化集聚和多样化集聚的测度方法有很多，本研究采用区位商来表征产业专业化集聚，公式为：$RZ_{it} = \max\left(\dfrac{S_{ijt}}{S_{jt}}\right)$。用相对多样化指数来表征产业多样化集聚，公式为：$RD_{it} = \dfrac{1}{\sum |S_{ijt} - S_{jt}|}$。其中，$RZ_{it}$ 表示专业化集聚，$RD_{it}$ 表示多样化集聚。$S_{ijt}$ 表示 $i$ 地区 $t$ 年的 $j$ 产业的产值占该地区总产值比例，$S_{jt}$ 表示全国 $t$ 年 $j$ 产业产值占全国总产值比例。表 4-7 和表 4-8 分别为 2005—2019 年我国 31 个省区市隔年专业化指数和多样化指数。

表 4-7　2005—2019 年我国 31 个省区市隔年专业化指数

| 省区市 | 2005 年 | 2007 年 | 2009 年 | 2011 年 | 2013 年 | 2015 年 | 2017 年 | 2019 年 | 平均数 |
|---|---|---|---|---|---|---|---|---|---|
| 北京 | 2.91 | 2.50 | 2.38 | 2.42 | 2.42 | 2.25 | 2.31 | 2.66 | 2.45 |
| 天津 | 2.70 | 2.41 | 2.95 | 2.40 | 2.49 | 2.40 | 1.66 | 1.88 | 2.34 |
| 河北 | 2.79 | 2.97 | 3.10 | 3.21 | 2.90 | 3.21 | 3.28 | 3.63 | 3.15 |
| 山西 | 11.12 | 10.55 | 9.57 | 7.49 | 5.80 | 5.11 | 4.15 | 5.24 | 7.30 |
| 内蒙古 | 2.32 | 2.50 | 2.32 | 2.23 | 2.03 | 3.06 | 2.16 | 2.57 | 2.45 |
| 辽宁 | 3.65 | 3.70 | 3.59 | 3.30 | 3.46 | 3.65 | 3.16 | 3.92 | 3.53 |
| 吉林 | 3.26 | 2.80 | 3.25 | 3.57 | 3.70 | 3.31 | 2.56 | 2.49 | 3.13 |
| 黑龙江 | 2.77 | 2.80 | 2.71 | 3.17 | 2.33 | 2.21 | 1.83 | 2.45 | 2.49 |
| 上海 | 5.30 | 4.56 | 4.34 | 4.07 | 3.13 | 3.00 | 3.02 | 3.34 | 3.86 |
| 江苏 | 3.61 | 3.84 | 4.81 | 5.77 | 6.49 | 6.38 | 3.80 | 5.53 | 5.22 |
| 浙江 | 4.74 | 4.87 | 4.97 | 5.82 | 5.55 | 5.78 | 7.86 | 6.01 | 5.53 |
| 安徽 | 1.04 | 1.16 | 0.92 | 0.79 | 1.07 | 0.94 | 0.90 | 1.31 | 0.98 |
| 福建 | 2.54 | 2.67 | 2.16 | 2.18 | 2.34 | 2.60 | 2.27 | 3.99 | 2.55 |
| 江西 | 1.23 | 1.38 | 1.89 | 2.00 | 2.18 | 2.42 | 20.35 | 2.18 | 3.17 |
| 山东 | 3.40 | 3.28 | 3.15 | 2.58 | 2.57 | 2.50 | 2.45 | 3.73 | 2.86 |
| 河南 | 1.35 | 1.33 | 1.43 | 1.42 | 1.54 | 1.72 | 2.46 | 2.46 | 1.73 |
| 湖北 | 1.49 | 1.30 | 1.59 | 1.46 | 1.68 | 1.71 | 1.71 | 4.54 | 1.79 |

续表 4-7

| 省区市 | 2005 年 | 2007 年 | 2009 年 | 2011 年 | 2013 年 | 2015 年 | 2017 年 | 2019 年 | 平均数 |
|---|---|---|---|---|---|---|---|---|---|
| 湖南 | 1.09 | 1.70 | 1.57 | 2.53 | 1.60 | 1.57 | 1.73 | 3.16 | 1.86 |
| 广东 | 6.48 | 5.99 | 5.79 | 5.32 | 4.90 | 4.73 | 4.69 | 4.40 | 5.26 |
| 广西 | 1.06 | 0.96 | 0.94 | 1.04 | 1.00 | 1.06 | 1.19 | 1.86 | 1.07 |
| 海南 | 1.58 | 1.40 | 5.65 | 0.99 | 0.98 | 0.97 | 0.97 | 1.64 | 1.49 |
| 重庆 | 3.53 | 3.82 | 3.39 | 3.36 | 3.55 | 3.89 | 3.79 | 3.12 | 3.56 |
| 四川 | 1.50 | 1.58 | 1.85 | 2.55 | 2.40 | 2.24 | 1.81 | 2.69 | 2.09 |
| 贵州 | 2.80 | 2.60 | 3.00 | 3.09 | 2.36 | 1.87 | 1.85 | 2.30 | 2.49 |
| 云南 | 4.64 | 4.59 | 4.57 | 4.20 | 5.47 | 7.16 | 2.03 | 4.25 | 4.84 |
| 西藏 | 0.55 | 0.48 | 0.38 | 0.35 | 0.33 | 0.45 | 0.30 | 0.47 | 0.42 |
| 陕西 | 1.42 | 1.33 | 1.34 | 1.89 | 2.42 | 2.53 | 2.49 | 3.11 | 2.08 |
| 甘肃 | 3.70 | 2.87 | 2.23 | 2.17 | 2.24 | 2.17 | 2.00 | 1.84 | 2.36 |
| 青海 | 2.25 | 2.31 | 2.91 | 4.00 | 4.41 | 3.94 | 3.97 | 3.96 | 3.45 |
| 宁夏 | 3.56 | 3.26 | 5.09 | 4.73 | 6.03 | 5.60 | 5.04 | 6.82 | 4.99 |
| 新疆 | 2.66 | 3.51 | 3.94 | 2.91 | 3.05 | 3.16 | 2.77 | 3.44 | 3.12 |

表 4-8　2005—2019 年我国 31 个省区市隔年多样化指数

| 省区市 | 2005 年 | 2007 年 | 2009 年 | 2011 年 | 2013 年 | 2015 年 | 2017 年 | 2019 年 | 平均数 |
|---|---|---|---|---|---|---|---|---|---|
| 北京 | 21.09 | 24.07 | 27.35 | 26.07 | 23.43 | 23.19 | 22.97 | 26.02 | 24.31 |
| 天津 | 21.82 | 22.39 | 19.43 | 22.10 | 20.55 | 21.39 | 30.81 | 35.52 | 23.74 |
| 河北 | 37.52 | 30.27 | 23.38 | 26.83 | 25.42 | 25.95 | 26.62 | 27.89 | 27.60 |
| 山西 | 18.32 | 17.95 | 16.21 | 17.94 | 18.97 | 18.06 | 21.03 | 24.39 | 18.92 |
| 内蒙古 | 25.68 | 21.90 | 17.66 | 18.67 | 18.93 | 18.28 | 18.13 | 18.35 | 19.45 |
| 辽宁 | 25.38 | 20.30 | 15.80 | 16.95 | 17.24 | 21.92 | 25.70 | 26.38 | 21.01 |
| 吉林 | 22.00 | 19.71 | 16.27 | 17.00 | 16.22 | 16.90 | 18.90 | 18.33 | 18.12 |
| 黑龙江 | 28.07 | 22.87 | 17.73 | 18.31 | 18.14 | 17.45 | 17.84 | 19.07 | 19.68 |
| 上海 | 7.42 | 7.28 | 6.75 | 7.98 | 10.82 | 11.87 | 13.50 | 14.80 | 9.87 |
| 江苏 | 17.47 | 13.30 | 8.42 | 8.97 | 8.69 | 8.80 | 9.47 | 12.01 | 10.46 |

续表 4 - 8

| 省区市 | 2005 年 | 2007 年 | 2009 年 | 2011 年 | 2013 年 | 2015 年 | 2017 年 | 2019 年 | 平均数 |
|---|---|---|---|---|---|---|---|---|---|
| 浙江 | 11.80 | 10.69 | 12.17 | 12.89 | 14.68 | 14.66 | 12.35 | 14.57 | 12.97 |
| 安徽 | 25.54 | 23.56 | 20.77 | 26.05 | 28.64 | 32.10 | 35.11 | 38.29 | 28.73 |
| 福建 | 31.04 | 29.36 | 31.71 | 29.31 | 31.22 | 32.02 | 32.17 | 28.70 | 30.60 |
| 江西 | 29.74 | 28.04 | 24.53 | 29.37 | 29.79 | 31.92 | 15.89 | 41.48 | 30.17 |
| 山东 | 27.69 | 24.20 | 20.76 | 25.53 | 26.26 | 25.34 | 28.25 | 37.81 | 26.68 |
| 河南 | 36.72 | 31.08 | 23.47 | 30.55 | 33.67 | 35.20 | 36.45 | 38.32 | 32.32 |
| 湖北 | 36.37 | 31.04 | 29.19 | 34.16 | 33.73 | 34.09 | 36.25 | 24.50 | 32.73 |
| 湖南 | 30.12 | 26.48 | 21.96 | 27.45 | 29.91 | 30.04 | 30.20 | 30.94 | 28.44 |
| 广东 | 11.73 | 10.11 | 7.30 | 9.89 | 11.03 | 11.61 | 11.97 | 11.97 | 10.71 |
| 广西 | 25.00 | 22.07 | 18.56 | 21.81 | 24.14 | 24.92 | 25.76 | 24.48 | 23.29 |
| 海南 | 20.57 | 18.08 | 14.50 | 15.91 | 15.37 | 14.73 | 15.47 | 17.20 | 16.28 |
| 重庆 | 24.66 | 21.70 | 19.39 | 21.33 | 23.44 | 24.08 | 23.03 | 27.16 | 22.96 |
| 四川 | 30.66 | 28.07 | 24.73 | 31.69 | 31.48 | 28.76 | 31.38 | 34.53 | 30.06 |
| 贵州 | 23.17 | 19.61 | 15.45 | 16.82 | 15.38 | 16.64 | 18.45 | 20.51 | 17.94 |
| 云南 | 19.99 | 17.57 | 14.07 | 15.17 | 15.07 | 14.97 | 16.85 | 19.36 | 16.39 |
| 西藏 | 17.22 | 14.94 | 12.22 | 12.89 | 12.57 | 12.56 | 13.51 | 15.58 | 13.75 |
| 陕西 | 35.56 | 29.78 | 22.31 | 25.09 | 25.36 | 27.48 | 28.32 | 33.50 | 28.15 |
| 甘肃 | 21.85 | 19.36 | 15.67 | 16.19 | 15.56 | 15.42 | 16.00 | 18.68 | 17.20 |
| 青海 | 22.51 | 19.02 | 14.85 | 13.75 | 13.55 | 14.17 | 15.17 | 16.98 | 16.02 |
| 宁夏 | 22.88 | 20.42 | 15.94 | 16.39 | 15.38 | 15.95 | 16.71 | 19.45 | 17.71 |
| 新疆 | 26.10 | 21.70 | 16.60 | 16.84 | 17.63 | 17.58 | 19.20 | 21.01 | 19.11 |

　　由于上一部分已经使用区位商对我国制造业地区集聚特征进行了测算分析，因此本部分不再赘述，仅分析中国制造业集聚的多样化特征。

　　从表 4 - 8 中可以看出，制造业多样化水平高的地区多为经济发达的东中部地区，经济发展水平比较落后的西部地区，其制造业多样化水平普遍较低。从 2005—2019 年制造业多样化指数平均数来看，大于 20 的省区市有 15 个，占总数的近一半，表明这些地区的制造业发展比较均衡，而其中只有重庆、四川、陕西属于西部地区。多样化指数较低的地区多为西部地区，而上海、江苏、浙江、广东等地的多样化指数较低，这是因为上海的通用设备制造业，江苏和浙江的化学纤维制造业，广东的计算机、通信和其他电子设备制造业较为发达，所以这些地区的专业化水平高，降低了制造业的多样化水平。再者，制造业集聚的多样化特征存在一定的规律性。例如，2005—2019 年，北京、天津、上海、浙江、安徽、重庆、四川等地的制造业多样化水平处于上升趋势，而河北、吉林、黑龙江、湖北、西藏、甘肃、青海、宁夏、新疆等地的制造业多样化水平则呈下降趋势。

## 第二节　中国区域创新能力评价分析

创新是知识经济时代的本质要求，是各国提升综合国力的决定性因素。我国的技术创新能力近年来稳步提升，但同时又存在显著的空间差异。为了解我国区域创新能力的总体情况以及地区差异，本节对我国的区域创新能力投入水平、产出水平、综合水平进行分析。

### 一、中国区域创新能力投入水平分析

#### （一）R&D 经费内部支出

我国 R&D 经费内部支出存在较大的区域差异，其主要集中在北京、上海、山东、江苏、浙江、广东、河南、陕西、湖南、四川等地，具有十分明显的地理集聚现象。2019 年，R&D 经费内部支出前十名的省区市占全国 R&D 经费内部支出总数的 73.2%，呈现空间失衡和地理集聚，这是因为创新活动存在较强的空间溢出效应和区域互动效应，需要在空间上的高度集聚。

分地区看，2019 年东部地区 R&D 经费内部支出占全国的 66%，主要集中于广东、江苏、北京、浙江、上海、山东等地，均位于京津冀、长三

角、粤港澳大湾区等经济比较发达的地区，显示了与经济格局极强的耦合性。中部地区 R&D 经费内部支出占全国的 17.47%，西部地区 R&D 经费内部支出占全国的 12.91%，四川和陕西两省具有众多的高校和科研机构，成为西部地区创新增长极。东北地区 R&D 经费内部支出仅占全国的 3.63%。从时间上来看，2005—2019 年全国各地区 R&D 经费内部支出呈现快速增长的状态，年均增长率为 17.03%，东中部地区增长率高于西部地区和东北地区，东北三省年增长率最低。

### （二）R&D 人员全时当量

2005—2019 年，我国 R&D 人员全时当量增长迅速，从 136.48 万人年增加到 480.08 万人年，增长了 251.76%，年均增长率为 9.4%。R&D 人员也存在与 R&D 经费内部支出相似的空间布局问题，从 2019 年来看，四大地带具有明显的差异，东部地区 R&D 人员全时当量达 314.93 万人年，占全国的 65.6%。此外，各经济地带内部也存在巨大差异，广东、江苏的 R&D 人员全时当量均高于西部地区的总和，而沿海省份辽宁的 R&D 人员全时当量不到广东的 20%，且远低于湖北、安徽、湖南、四川等中西部省份。从空间布局的纵向发展来看，"孔雀东南飞"现象依然存在，包含较高人力资本的 R&D 人员进一步向京津冀、长三角、粤港澳大湾区集聚，中西部地区的 R&D 人员向西安、武汉、成都等经济文化科技战略中心集中。

## 二、中国区域创新产出水平分析

2019 年，我国专利授权数为 2474406 件，其中发明专利授权数为 360919件[①]，我国的专利水平也存在较明显的地理集聚现象，区域间和区域内部的创新发展较为失衡。

### （一）区域失衡严重且多集聚东部沿海省份

我国专利产出的区域差异较为明显，主要集中于东部地区和中西部的湖北、陕西、四川等地。2019 年，东部地区专利授权数占全国总数的

---

① 数据来源：《中国科技统计年鉴 2020》。

69.71%，发明专利授权数占全国总数的 69.14%。同时，各区域内部也有较强的地理集聚倾向，东部沿海地区专利产出主要集中在京津冀、长三角和粤港澳大湾区，中西部地区专利产出主要集中于四川、湖北、陕西等地。

### （二）区域创新产出地理上具有累积性

我国区域创新专利产出在地理上具有时间累积性特点，本研究采用皮尔森相关系数（Pearson Correlation Coefficient）法测度 2005 年、2010 年、2015 年、2019 年四个时间节点我国 31 个省区市发明专利授权数的相关性（见表 4－9）。

从表 4－9 来看，发明专利授权数在四个时间节点的皮尔森相关系数都在 0.9 以上，并且均在 1% 水平下显著，创新活动表现出高度的时间相关性，创新活动的空间结构较为稳定。初始阶段创新能力较强、创新活动活跃的区域，后续发展一般也能取得较好的创新绩效。创新活动是有门槛、需要基础的，只有区域具备一些技术创新的基础条件，后续发展才会呈现突进趋势；技术创新较弱或创新活动活跃性较差的区域，由于难以达到最基本的门槛条件，只能在低水平停滞或徘徊。另外，某个区域要成为技术创新较强的区域还会受到其他区域的影响，创新较强的区域除自身拥有较好的硬件与软件设施外，由于创新投资回报率也就是空间报酬递增的存在，还会不断吸收其他区域创新要素而产生"极化效应"，尤其是在创新要素的跨区域流动日益畅通的情况下，循环积累效应的存在使得强者更强。

表 4－9　我国 31 个省区市发明专利授权数的皮尔森相关系数分析

| 皮尔森相关系数 | 2005 年 | 2010 年 | 2015 年 | 2019 年 |
|---|---|---|---|---|
| 2005 年 | 1.0000 | — | — | — |
| 2010 年 | 0.9778 | 1.0000 | — | — |
| 2015 年 | 0.9306 | 0.9694 | 1.0000 | — |
| 2019 年 | 0.9069 | 0.9452 | 0.9734 | 1.0000 |

注：相关性均在 1% 水平下显著。

## 三、中国区域创新能力综合水平分析

我国幅员辽阔，区域经济发展具有很大的不平衡性。当前，我国经济发展进入新常态时期，经济发展要由要素和投资驱动向创新驱动进行转换，因此，区域创新能力区域对经济的发展具有潜在的重要作用，对各省区市的区域创新能力进行分析是一项非常必要的工作。本部分借助2005—2019 年《中国区域创新能力评价报告》对我国区域创新能力进行分析，见表 4 - 10。

表 4 - 10　我国 31 个省区市区域创新能力综合评价得分及排名

| 省区市 | 2005 年 | 排名 | 2010 年 | 排名 | 2015 年 | 排名 | 2019 年 | 排名 | 平均 | 排名 |
|---|---|---|---|---|---|---|---|---|---|---|
| 广东 | 50.22 | 3 | 52.27 | 2 | 58.01 | 2 | 59.49 | 1 | 53.39 | 1 |
| 江苏 | 48.41 | 4 | 51.89 | 1 | 52.71 | 1 | 53.22 | 3 | 53.09 | 2 |
| 北京 | 56.11 | 2 | 47.92 | 3 | 50.45 | 3 | 49.58 | 2 | 52.06 | 3 |
| 上海 | 56.97 | 1 | 46.23 | 4 | 45.62 | 4 | 45.63 | 4 | 48.99 | 4 |
| 浙江 | 45.29 | 5 | 41.23 | 5 | 42.05 | 5 | 38.8 | 5 | 40.88 | 5 |
| 山东 | 37.96 | 6 | 37.34 | 6 | 37.49 | 6 | 33.12 | 6 | 36.99 | 6 |
| 天津 | 37.43 | 7 | 35.89 | 7 | 36.49 | 7 | 30.87 | 9 | 35.91 | 7 |
| 重庆 | 28.63 | 10 | 30.61 | 10 | 32.99 | 8 | 29.21 | 7 | 30.39 | 8 |
| 湖北 | 26.92 | 13 | 29.95 | 8 | 29.86 | 12 | 28.83 | 8 | 29.13 | 9 |
| 安徽 | 26.97 | 12 | 29.85 | 13 | 29.25 | 9 | 28.7 | 10 | 28.77 | 10 |
| 辽宁 | 32.05 | 8 | 29.79 | 9 | 29.01 | 15 | 28.03 | 19 | 28.57 | 11 |
| 四川 | 23.37 | 18 | 28.93 | 9 | 28.59 | 16 | 27.34 | 11 | 27.99 | 12 |
| 湖南 | 25.16 | 15 | 28.56 | 11 | 28.03 | 11 | 26.82 | 13 | 27.86 | 13 |
| 陕西 | 27.27 | 11 | 27.79 | 14 | 27.14 | 14 | 26.56 | 12 | 27.83 | 14 |
| 福建 | 30.74 | 9 | 25.96 | 16 | 26.88 | 10 | 25.07 | 14 | 27.66 | 15 |

续表 4 - 10

| 省区市 | 2005 年 | 排名 | 2010 年 | 排名 | 2015 年 | 排名 | 2019 年 | 排名 | 平均 | 排名 |
|---|---|---|---|---|---|---|---|---|---|---|
| 河南 | 23.30 | 19 | 24.16 | 15 | 26.39 | 17 | 23.60 | 15 | 25.60 | 16 |
| 海南 | 20.84 | 24 | 23.83 | 23 | 25.90 | 13 | 23.31 | 18 | 22.94 | 17 |
| 江西 | 21.90 | 22 | 23.26 | 22 | 23.62 | 19 | 22.90 | 17 | 22.93 | 18 |
| 黑龙江 | 25.26 | 14 | 22.84 | 19 | 23.34 | 24 | 22.73 | 28 | 22.92 | 19 |
| 河北 | 23.47 | 17 | 22.56 | 18 | 21.68 | 23 | 21.86 | 20 | 22.72 | 20 |
| 广西 | 21.34 | 23 | 22.20 | 20 | 21.44 | 18 | 21.17 | 21 | 22.14 | 21 |
| 吉林 | 22.41 | 21 | 22.07 | 21 | 21.22 | 27 | 21.11 | 27 | 22.12 | 22 |
| 山西 | 24.18 | 16 | 21.95 | 17 | 21.14 | 25 | 20.94 | 26 | 21.76 | 23 |
| 贵州 | 18.16 | 26 | 20.89 | 29 | 20.65 | 22 | 20.11 | 16 | 21.48 | 24 |
| 内蒙古 | 22.61 | 20 | 20.74 | 26 | 20.61 | 21 | 20.10 | 30 | 21.01 | 25 |
| 云南 | 16.43 | 29 | 20.46 | 25 | 20.30 | 26 | 19.82 | 22 | 20.61 | 26 |
| 甘肃 | 17.24 | 27 | 20.38 | 28 | 18.95 | 20 | 18.80 | 25 | 20.47 | 27 |
| 新疆 | 19.81 | 25 | 19.83 | 27 | 18.52 | 29 | 18.53 | 29 | 19.75 | 28 |
| 宁夏 | 16.95 | 28 | 19.00 | 24 | 18.04 | 28 | 18.19 | 23 | 18.87 | 29 |
| 青海 | 15.36 | 30 | 18.43 | 31 | 17.71 | 30 | 18.14 | 24 | 17.73 | 30 |
| 西藏 | 14.42 | 31 | 16.30 | 30 | 17.09 | 31 | 17.58 | 31 | 17.04 | 31 |

表 4 - 10 显示了 2005 年、2010 年、2015 年、2019 年我国 31 个省区市区域创新能力综合得分和排名情况。从该表中可以看出，我国 31 个省区市的区域创新能力总体情况具有较为明显的变化，有的地区呈现明显的上升或下降趋势，有的地区比较稳定，有的地区则呈现较大的波动。

具体来看，我国区域创新能力水平在地区之间有较大的差距，区域创新能力强的省份均集中在东南沿海地区，而且越来越明显。江苏、广东、浙江、山东、北京和上海六个地区是我国区域创新能力的排头兵，这六个地区历年均为前六名，只是每一年的排名有所不同。这六个地区多属于京津冀、长三角、粤港澳大湾区等经济发达的地区，说明创新与经济发展在地理上具有极大的一致性。从区域创新能力平均得分排名来看，位于中部地区的河南、湖北、湖南、四川、重庆等地的区域创新能力明显提高，虽然在发展过程中具有很大的波动性，但整体的区域创新能力在提升，将会成为我国区域创新新极点。而广西、山西、内蒙古、云南、贵州、甘肃、新疆、宁夏、海南、青海和西藏等地是我国区域创新能力较弱的地区，这些地区除山西和海南外均属于西部地区。长期以来西部地区区域创新能力发展薄弱的根本原因有四点：一是改革开放以来我国大多数科技资源和创新活动都向东部地区倾斜，对西部地区的科技工作，特别是基础研究并未给予足够的重视；二是西部地区教育水平不高，教育资源贫乏，在人才培养方面有很大的劣势，同时由于经济不发达和地理位置原因没有足够的优势吸引人才，大量本地人才严重流失，创新发展缓慢；三是市场化程度低，虽然市场竞争能够对企业创新起到促进作用，但西部地区经济水平落后，市场化水平较低，且资本向东部沿海地区转移，使其失去了外溢效应；四是区域创新环境不够理想，自 2000 年开始实施的西部大开发至今已有 20 多年，在这一过程中虽取得了一些成绩，但相较于政策力度而言，这些成绩略显不足。究其原因是政策传导性较弱，即受地区的基础环境和社会影响，扶持政策难以推广应用，加之在实施过程中存在的稀释现象，使得政策对区域创新能力的促进作用大打折扣。另外，我国区域创新能力分布较为稳定，除少数几个省区市外，其他省区市的区域创新能力均在各自的平均水平上下浮动，变化幅度不大。2015 年以后区域创新能力的总体水平呈现下降趋势，说明经济新常态下经济增速的降低在一定程度上导致了创新能力的下降。

表 4 - 11 显示了 2005—2019 年我国东部地区、中部地区、西部地区和东北地区区域创新能力综合得分。从该表中可以看出，中部地区和西部地区的区域创新能力处于上升趋势，其中中部地区有较大的波动，西部地区的上升趋势相对较为平稳；东部地区和东北地区的区域创新能力处于下降趋势，其中东部地区在波动中略有下降，而东北地区的下降幅度比较明显，且波动较大。

表 4 - 11　2005—2019 年我国四大地带区域创新能力综合得分

| 地区 | 2005年 | 2006年 | 2007年 | 2008年 | 2009年 | 2010年 | 2011年 | 2012年 | 2013年 | 2014年 | 2015年 | 2016年 | 2017年 | 2018年 | 2019年 |
|---|---|---|---|---|---|---|---|---|---|---|---|---|---|---|---|
| 东部 | 40.74 | 39.75 | 39.73 | 39.70 | 41.37 | 38.21 | 40.53 | 37.73 | 40.12 | 40.05 | 40.12 | 39.16 | 37.98 | 38.73 | 38.00 |
| 中部 | 24.74 | 24.89 | 25.78 | 26.68 | 28.76 | 26.80 | 26.95 | 26.19 | 26.36 | 25.88 | 26.22 | 25.55 | 24.76 | 25.07 | 25.49 |
| 西部 | 20.13 | 20.69 | 21.22 | 21.76 | 23.80 | 22.18 | 23.53 | 22.09 | 23.15 | 21.96 | 22.18 | 22.64 | 21.93 | 22.11 | 22.27 |
| 东北 | 26.57 | 27.12 | 27.56 | 28.00 | 28.35 | 24.66 | 27.65 | 25.55 | 25.01 | 23.03 | 22.16 | 21.38 | 20.26 | 20.70 | 20.02 |

从图 4 - 1 中可以更直观地看出上述变化趋势，同时还可以看出，四个地区的区域创新能力排名均比较稳定，且地区之间的差距在以较小的幅度慢慢增大。其中，东部地区的区域创新能力虽然呈现下降趋势，但仍为最强；中部地区的区域创新能力在 2012 年超过东北地区以后，一直居于第二位的位置，且与东北地区和西部地区的差距有明显的增大；而东北地区曾是我国区域创新能力排名第二的地区，但自 2011 年以来一直处于波动下降的趋势，且降幅较大，并于 2015 年被西部地区超越，成为我国区域创新能力相对较弱的地区；西部地区曾是我国区域创新能力排名最后的地区，但其区域创新能力在缓慢提升，并于 2015 年超越东北地区成为第三名，说明我国西部大开发战略具有明显成效，应当加快推进西部大开发，继续提升西部地区的区域创新能力。

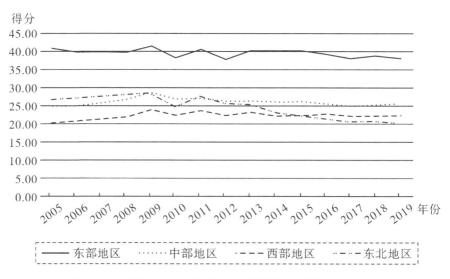

图 4 - 1　2005—2019 年我国四大地带区域创新能力综合得分

# 第三节　本章小结

本章回顾了不同的产业集聚测度方法，选取了合适的方法对制造业集聚进行了测算，并从投入、产出和综合三个方面对我国的区域创新能力进行了分析。

其一，我国制造业整体存在明显的集聚现象，说明我国各地区发展不均衡，存在梯度差距。制造业集聚经历了先上升后下降再上升的变化趋势，说明我国制造业集聚程度总体呈现"N"形变化趋势。集聚程度高的产业多为资本密集型产业和技术密集型产业。

其二，2005年我国劳动密集型制造业主要集聚于东部地区和中部地区个别省区市，西部地区集聚度较小，劳动密集型产业已出现由东部地区向中西部地区转移的趋势。2019年我国劳动密集型制造业主要集聚于中部地区和西部地区个别省区市，而东部地区的集聚度很小，可能的原因是随着东部地区经济的发展，出现的一些负面效应倒逼东部地区进行产业转移优化产业结构。根据空间邻近性，中部地区将优先承接东部地区产业转移，西部地区次之。2005年和2019年资本密集型制造业集聚分两种情况，依赖资源的产业在资源禀赋高的中西部地区集聚度高，而其产值却在东部沿海地区较高，说明我国在各地区之间存在资源错配现象；其他资本密集型产业主要集中于东南沿海地区，主要是因为这里的基础设施完善，形成了理想的投资环境。2005年和2019年我国技术密集型制造业主要集中于东部地区，因为该地区具有良好的科研环境，对技术密集型产业具有较强的吸引力。总体来看，技术密集型产业的集聚程度要小于劳动密集型产业和资本密集型产业，这是因为技术密集型产业的特点使其在各地均有所发展。

上述结论表明，我国制造业发展具有空间非均衡性。随着改革开放的深入，市场化程度加深，东部地区的某些产业因为发展瓶颈的限制，逐步向中西部地区转移。不同产业由于自身发展路径以及产业集聚循环累计因果原理的作用，在不同地区具有不同的集聚程度，产业集聚程度总体呈现从东到西部依次降低的特点。因此，政府应当依据当地特点，合理规划产业布局，制定良好的产业发展政策，为产业集聚创造优良环境；不同地方政府之间应加强合作，制定配套的产业政策，打破垄断，推进市场化改革，降低交易成本，使要素能够在区域之间自由流动，优化区域间产业布局，同时要避免出现资源错配等问题；中西部地区要抓住机遇，合理规划项目，完善基础设施，改善投资环境，积极承接东部产业转移，转变经济发展方式。

创新方面，我国区域创新投入和专利产出多集中于东部沿海地区，且专利产出具有较强的地理累积性。从区域创新能力来看，我国中部地区和西部地区的区域创新能力处于上升趋势，中部地区有较大的波动性，西部地区的上升趋势相对较为平稳。东部地区和东北地区的区域创新能力处于下降趋势，东部地区在波动中略有下降，而东北地区的下降幅度比较明显，且波动较大。东部地区的区域创新能力虽有下降，但仍为最强；中部地区的区域创新能力在 2012 年超过东北地区以后，一直居于第二位，且与东北地区和西部地区的差距明显增大；而东北地区的区域创新能力自2011 年以来一直处于波动下降状态，且降幅较大，并于 2015 年被西部地区超越，成为我国区域创新能力最弱的地区；西部地区曾是我国区域创新能力排名最后的地区，但其区域创新能力在缓慢提升，于 2015 年超越东北地区成为第三名。

分地区看，我国地区之间的区域创新能力水平有较大的差距，区域创新能力强的省区市均集中在东南沿海地区，而且越来越明显，其中江苏、广东、浙江、山东、北京和上海六个地区是我国区域创新能力的排头兵。中部地区如河南、湖北、湖南、四川、重庆等地的区域创新能力明显提高，虽然在发展过程中具有较大的波动性，但是整体的区域创新能力在提升，将会成为我国区域创新新极点。而广西、山西、内蒙古、云南、贵州、甘肃、新疆、宁夏、海南、青海和西藏等地是我国区域创新能力相对较弱的地区，这些地区除山西和海南外均属于西部地区。另外，我国区域创新能力分布较为稳定，除少数几个省区市外，其他省区市的区域创新能力均在各自的平均水平上下浮动，变化幅度不大。2015 年以后区域创新能力的总体水平呈现下降趋势，说明经济新常态下经济增速的降低在一定程度上导致了创新能力的下降。

# 第五章 制造业集聚对区域创新能力的
# 影响：基于行业异质性的视角

前面的章节对我国制造业集聚特征和区域创新能力进行了详细的分析。目前，产业集聚对区域创新的重要作用已经越来越得到学术界的广泛认可，学者们在这一方面做了大量的研究①。本书第五章和第六章将在前面章节的基础上，结合前人的研究，从行业异质性、地区异质性的角度考察产业集聚对区域创新的贡献程度，分析学界对专业化集聚与多样化集聚存在争议的原因。

## 第一节 制造业集聚与区域创新的相关性分析

### 一、方法介绍

为了初步考察制造业集聚与区域创新的空间分布及关联特征，本研究将使用 Moran's I 指数来分析我国制造业集聚与区域创新能力的空间关联。Moran's I 指数可用来大体测算某地区观测值与邻近地区观测值之间的相关程度，也可用来检验因变量 $Y$ 是否存在空间自相关检验，若 $Y$ 存在空间自

---

① 参见 Feldman M P, Audretsch D B. "Innovation in Cities: Implications for Innovation". *European Economic Review*, 1999, 43（2），pp. 409 - 429；张彩江、覃婧、周宇亮《技术扩散效应下产业集聚对区域创新的影响研究——基于两阶段价值链视角》，载《科学学与科学技术管理》2017 年第 12 期，第 124 - 132 页；杜爽、冯晶、杜传忠《产业集聚、市场集中对区域创新能力的作用——基于京津冀、长三角两大经济圈制造业的比较》，载《经济与管理研究》2018 年第 7 期，第 48 - 57 页。

相关，则可使用空间计量模型对区域创新影响因素进行空间计量估计和检验。Moran's I 指数的计算公式如下：

$$Moran's\ I = \frac{\sum_{i=1}^{n} \sum_{j=1}^{n} W_{ij}\ (Y_i - \overline{Y})\ (Y_j - \overline{Y})}{S^2 \sum_{i=1}^{n} \sum_{j=1}^{n} W_{ij}} \qquad (5-1)$$

其中，$S^2 = \frac{1}{n} \sum_{j=1}^{n}\ (Y_i - \overline{Y})$；$\overline{Y} = \frac{1}{n} \sum_{i=1}^{n} Y_i$。

$Y_i$ 表示 $i$ 地区的观测值，在本书为制造业集聚和区域创新能力，本研究使用其对数值 $\ln Y_{it}$，$n$ 为地区总数，$W_{ij}$ 为空间权重矩阵。

Moran's I 指数可看作各地区观测值的乘积和，其取值范围为 $[-1, 1]$。若指数值为正，则说明各地区的创新产出存在正相关。其中，数值越接近于 1，$i$ 地区与周边地区正相关性越大；数值越接近于 0，$i$ 地区与周边地区正相关性越小。若指数值为负，则说明各地区的创新产出存在负相关。其中，数值越接近 $-1$，$i$ 地区与周边地区负相关性越大；数值越接近 0，$i$ 地区与周边地区负相关性越小。Moran's I 指数也可测算地区交叉空间相关，做法是更换周边地区 $Y_j$ 所代表的观测值。同时，本研究采用标准统计量 $Z$ 来对 Moran's I 指数进行显著性检验，其计算公式为：

$$Z\ (Moran's\ I)\ = \frac{Moran's\ I - E\ (Moran's\ I)}{\sqrt{Var\ (Moran's\ I)}} \qquad (5-2)$$

其中，$E\ (Moran's\ I)\ = \frac{1}{n-1}$。

关于空间权重矩阵 W 中的元素 $W_{ij}$，现有的研究主要有两种计算方法：一是使用地区之间距离的倒数[1]，即

$$W_{ij} = \begin{cases} \dfrac{1}{d_{ij}}, & i \neq j \\ 0, & i = j \end{cases} \qquad (5-3)$$

二是使用空间邻接矩阵[2]，即

$$W_{ij} = \begin{cases} 1, & i\ \text{与}\ j\ \text{存在共同边界} \\ 0, & i\ \text{与}\ j\ \text{不存在共同边界} \end{cases} \qquad (5-4)$$

---

[1] 参见吕宏芬、刘斯敖《R&D 投入、产业集聚与浙江区域创新效应分析》，载《浙江学刊》2011 年第 3 期，第 196–201 页。

[2] 参见李伶忆《高速铁路对区域知识溢出的影响研究——以武广高速铁路为例》（硕士学位论文），北京交通大学 2017 年，第 53–61 页。

本研究认为地区间的空间联系在于交通的便利程度，而不仅仅在于距离的远近与空间上接壤与否，因此，本研究提出一个新的空间权重矩阵构建方法：

$$W_{ij} = \begin{cases} \dfrac{1}{t_{ij}}, & i \neq j \\ 0, & i = j \end{cases} \quad (5-5)$$

其中，$t_{ij}$ 为两地之间的交通运输时间。对于 $t_{ij}$ 的确定，由于各地之间存在多种交通运输方式，因此，本研究对各种交通运输方式所用时间进行加权平均，权重为每种交通运输方式频次与交通运输总频次之比。对于同一种交通运输方式中的不同时间则采用平均值的方法。本研究选取的交通运输方式为汽车、普通火车、动车高铁和飞机四种。

## 二、数据来源

本研究选择我国 31 个省区市为样本，利用其制造业集聚程度和区域创新能力数据来计算 Moran's I 指数。其中，制造业集聚包括专业化集聚和多样化集聚，集聚程度数据来自本书第四章对制造业专业化集聚和多样化集聚的测算数据；区域创新能力数据来自 2005—2019 年《中国区域创新能力报告》。

## 三、计算结果

根据 2005—2019 年我国 31 个省区市制造业集聚程度和区域创新能力数据（本研究对其进行了取对数处理），利用式（5-1）和式（5-2）可计算得到历年的 Moran's I 指数及其统计检验（见表 5-1）。

表 5-1 2005—2019 年我国 31 个省区市制造业集聚和区域创新能力的 Moran's I 指数

| 年份 | 制造业专业化集聚 | | 制造业多样化集聚 | | 区域创新能力 | |
|------|------------|------|------------|------|------------|------|
| | Moran's I | P 值 | Moran's I | P 值 | Moran's I | P 值 |
| 2005 | 0.294 | 0.001 | 0.168 | 0.031 | 0.441 | 0.000 |
| 2006 | 0.307 | 0.001 | 0.189 | 0.020 | 0.368 | 0.000 |
| 2007 | 0.320 | 0.000 | 0.178 | 0.026 | 0.373 | 0.000 |

续表 5 - 1

| 年份 | 制造业专业化集聚 | | 制造业多样化集聚 | | 区域创新能力 | |
|------|-----------|-------|-----------|-------|-----------|-------|
| | Moran's I | P 值 | Moran's I | P 值 | Moran's I | P 值 |
| 2008 | 0.344 | 0.000 | 0.182 | 0.024 | 0.374 | 0.000 |
| 2009 | 0.316 | 0.001 | 0.117 | 0.043 | 0.384 | 0.000 |
| 2010 | 0.349 | 0.000 | 0.184 | 0.024 | 0.357 | 0.000 |
| 2011 | 0.340 | 0.000 | 0.210 | 0.014 | 0.362 | 0.000 |
| 2012 | 0.348 | 0.000 | 0.207 | 0.014 | 0.387 | 0.000 |
| 2013 | 0.333 | 0.000 | 0.219 | 0.011 | 0.392 | 0.000 |
| 2014 | 0.325 | 0.000 | 0.201 | 0.017 | 0.408 | 0.000 |
| 2015 | 0.343 | 0.000 | 0.267 | 0.003 | 0.422 | 0.000 |
| 2016 | 0.351 | 0.000 | 0.264 | 0.004 | 0.357 | 0.000 |
| 2017 | 0.407 | 0.000 | 0.158 | 0.041 | 0.328 | 0.001 |
| 2018 | 0.374 | 0.000 | 0.194 | 0.019 | 0.290 | 0.002 |
| 2019 | 0.369 | 0.000 | 0.136 | 0.042 | 0.282 | 0.003 |

由表 5 - 1 显示的结果可见，2005—2019 年我国 31 个省区市制造业专业化集聚、制造业多样化集聚和区域创新能力三个指标的 Moran's I 指数均为正，且制造业专业化集聚和区域创新能力均通过了 1% 的显著性检验，而制造业多样化集聚则均通过了 5% 显著性检验，表现出了明显的空间相关性，这说明我国 31 个省区市制造业集聚和区域创新能力在空间分布上并非处于完全随机的状态，而是在空间上趋于集聚，具有明显的空间依赖性。此外，从 Moran's I 指数值变化趋势来看，我国 31 个省区市的制造业集聚和区域创新能力的空间相关性均呈现先上升后下降的趋势，制造业专业化集聚在 2017 年出现拐点，另外两个指标均在 2015 年出现拐点，说明 2015 年之前，我国制造业集聚和区域创新发展空间的联系越来越强，2015 年我国经济发展进入新常态，各地出台相关政策促发展，空间联系减弱。在三个指标中，制造业专业化集聚的空间依赖性最强，2005 年 Moran's I 指数为 0.294，并于 2017 年达到最高，为 0.407。因此，本部分可以采用空间计量经济学方法进行研究。

# 第二节　模型设定与指标选择

## 一、空间计量模型设定

### （一）模型选取

空间计量模型主要有空间误差模型（SEM）、空间滞后模型（SAR）和空间杜宾模型（SDM）三种基本形式。其中，空间杜宾模型同时考虑了解释变量和被解释变量的空间相关性，即本地区的被解释变量不仅受到本地区解释变量的影响，还受到周边地区被解释变量和解释变量的影响。因此，本部分选取空间杜宾模型进行研究。空间杜宾模型是捕捉各类空间溢出效应的合适模型，其优点是无论数据的生成过程是空间滞后类型还是空间误差类型，模型不仅可保证无偏估计，而且对空间溢出的规模无任何限制条件。[①]

### （二）计量模型设定

一般来讲，考察要素对经济增长贡献程度会采用柯布－道格拉斯生产函数，对创新的研究也可采取知识生产函数：

$$Y_{it} = AK_{it}^{\alpha}L_{it}^{\beta} \quad (0 < \alpha < 1, \ 0 < \beta < 1) \tag{5-6}$$

其中，$i$ 表示地区，$t$ 表示时间，$Y$ 表示地区经济指标，$K$ 为资本要素，$L$ 为劳动要素，$A$ 为技术水平，$\alpha$ 和 $\beta$ 为弹性系数。

影响区域创新能力的因素有很多，本研究在考察产业集聚对区域创新能力的影响的同时，考虑了 R&D 投入、经济发展水平以及经济开放度等变量，这些变量都是对区域创新能力具有重要影响的因素。因此，式（5-6）可以修正为：

---

① 参见田相辉、张秀生《空间外部性的识别问题》，载《统计研究》2013 年第 9 期，第 94－100 页。

$$Y_{it} = AK_{it}^{\alpha_1} L_{it}^{\alpha_2} RZ_{it}^{\alpha_3} RD_{it}^{\alpha_4} GDP_{it}^{\alpha_5} FDI_{it}^{\alpha_6} \tag{5-7}$$

式（5-7）两边取对数得：

$$\ln Y_{it} = \ln A + \alpha_1 \ln K_{it} + \alpha_2 \ln L_{it} + \alpha_3 \ln RZ_{it} \alpha_4 \ln RD_{it} + \alpha_5 \ln GDP_{it} + \alpha_6 \ln FDI_{it}$$
$$\tag{5-8}$$

对于 $A$，有些学者将其设定为规模参数，本研究将其设定为技术进步率函数。由于经济地理外部性，货币外部性和技术外部性均会对技术进步率产生重要影响[①]，因此，本研究引入技术外部性（产业集聚）和货币外部性（市场潜能）作为技术进步率的影响因素，并借鉴毛其淋、盛斌的观点[②]，设定技术进步率函数 $A$ 是产业集聚（RZ、RD）和市场潜能（Mp）的函数，即假定其满足以下形式：

$$A_{it} = g\ (RZ_{it},\ RD_{it},\ Mp_{it})\ = A_{i0} \times e^{\theta t} \times RZ_{it}^{\alpha_7} \times RD_{it}^{\alpha_8} \times Mp_{it}^{\alpha_9} \tag{5-9}$$

其中，$A_{i0}$ 为初始技术水平，$\theta$ 为外生技术变迁。式（5-9）两边取对数得：

$$\ln A_{it} = \ln A_{i0} + \theta t + \alpha_7 \ln RZ_{it} + \alpha_8 \ln RD_{it} + \alpha_9 \ln Mp_{it} \tag{5-10}$$

将式（5-10）代入式（5-8），得：

$$\begin{aligned}
\ln Y_{it} &= \ln A_{i0} + \theta t + \alpha_7 \ln RZ_{it} + \alpha_8 \ln RD_{it} + \alpha_9 \ln Mp_{it} + \alpha_1 \ln k_{it} + \\
&\quad \alpha_2 \ln L_{it} + \alpha_3 \ln RZ_{it} + \alpha_4 \ln RD_{it} + \alpha_5 \ln GDP_{it} + \alpha_6 \ln FDI_{it} \\
&= \ln A_{i0} + \theta t + \alpha_1 \ln K_{it} + \alpha_2 \ln L_{it} + (\alpha_3 + \alpha_7)\ \ln RZ_{it} + \\
&\quad (\alpha_4 + \alpha_8)\ \ln RD_{it} + \alpha_5 \ln GDP_{it} + \alpha_6 \ln FDI_{it} + \alpha_9 \ln Mp_{it} \tag{5-11}
\end{aligned}$$

由于 $\alpha_3$、$\alpha_7$、$\alpha_4$、$\alpha_8$ 均为估计参数，因此，可分别用 $\alpha_3$ 和 $\alpha_4$ 代替 $\alpha_3 + \alpha_7$ 和 $\alpha_4 + \alpha_8$，$\ln A_{i0}$、$\theta t$ 为常数项，则均用 $\alpha_0$ 代替，可得：

$$\begin{aligned}
\ln Y_{it} &= \alpha_0 + \alpha_1 \ln K_{it} + \alpha_2 \ln L_{it} + \alpha_3 \ln RZ_{it} + \alpha_4 \ln RD_{it} + \alpha_5 \ln GDP_{it} + \\
&\quad \alpha_6 \ln FDI_{it} + \alpha_7 \ln Mp_{it} \tag{5-12}
\end{aligned}$$

---

① 参见章韬《经济地理外部性与城市全要素生产率差异——来自中国地级城市的证据》，载《上海经济研究》2013 年第 12 期，第 31-48、62 页。

② 参见毛其淋、盛斌《对外经济开放、区域市场整合与全要素生产率》，载《经济学》（季刊）2011 年第 1 期，第 181-210 页。将技术进步效率函数 $A$ 看作制造业集聚（manufacturing agglomeration）、生产性服务业集聚（production and service agglomeration）和市场潜能（market potential）的函数。

已有研究表明制造业集聚和区域创新都存在空间溢出效应[①]，因此，本研究在模型中加入制造业集聚程度和区域创新能力的空间滞后项。同时，由于创新可能存在时间上的累积效应，因此采用动态空间杜宾模型进行分析。综上所述，本研究最终模型可写为：

$$\ln Y_{it} = \alpha + \beta_1 \ln Y_{i,t-1} + \beta_2 \ln RZ_{it} + \beta_3 \ln RD_{it} + \beta_4 \ln K_{it} + \beta_5 \ln L_{it} +$$
$$\beta_6 \ln GDP_{it} + \beta_7 \ln FDI_{it} + \beta_8 \ln Mp_{it} + \gamma_1 \sum_{i=1}^{n} W_{ij} \ln RZ_{it} +$$
$$\gamma_2 \sum_{i=1}^{n} W_{ij} \ln RD_{it} + \gamma_3 \sum_{i=1}^{n} W_{ij} \ln K_{it} + \gamma_4 \sum_{i=1}^{n} W_{ij} \ln L_{it} +$$
$$\gamma_5 \sum_{i=1}^{n} W_{ij} \ln GDP_{it} + \gamma_6 \sum_{i=1}^{n} W_{ij} \ln FDI_{it} + \gamma_7 \sum_{i=1}^{n} W_{ij} \ln Mp_{it} +$$
$$\mu_i + \varepsilon \qquad\qquad (5-13)$$

其中，$i$ 和 $t$ 分别表示地区和年份，$Y$ 表示区域创新能力，$RZ$ 表示制造业专业化集聚程度，$RD$ 表示制造业多样化集聚程度，$K$ 表示 R&D 经费投入，$L$ 表示 R&D 人员投入，$GDP$ 表示经济发展水平，$FDI$ 表示外商直接投资，$Mp$ 表示市场潜能。

## 二、指标选取和变量说明

### （一）被解释变量

本节研究的被解释变量为区域创新能力水平（$Y$）。区域创新能力是一个地区创新能力的综合性评价，一般来讲，由于数据的可获得性，一般采取专利申请量或者专利授权量来表征区域创新能力。但是，创新是一个长期的、系统的过程，专利仅仅是这一过程中的一部分，它无法体现创新活动的商业价值，更不能表示创新的全部内涵。另外，在专利申请量和专利授权量的选用上也存在一定的争议：有人认为应当选取专利申请量来表征区域创新能力，因为各地区专利审批机构水平和要求不同，对专利授权量会造成一定的影响；也有人认为应当选取专利授权量来表征区域创新能力，因为专利授权是经过官方认定的，具有合法性。本研究选取 2005—2019 年《中国区域创新能力报告》中对区域创新能力的测算数据来表征区域创新能力。

---

[①] 参见王春杨、张超《地理集聚与空间依赖——中国区域创新的时空演进模式》，载《科学学研究》2013 年第 5 期，第 780 – 789 页。

## （二）解释变量

本研究的核心解释变量为制造业专业化集聚程度（$RZ$）和制造业多样化集聚程度（$RD$）。产业集聚使企业在地理上集中，这样就可以进行更好的合作，生产上进行分工互补，对区域创新能力的提升有着很好的促进作用。一方面，产业集聚为区域创新营造了良好的环境，区域创新在这种环境下可以获得各种资源，产业集聚成为区域创新的基础；另一方面，创新不是一蹴而就的，而是一个长期的、系统的过程，产业集聚在创新的任何阶段都会为其提供大力的支持。[①]

另外，本研究的非核心解释变量为 R&D 投入（包括 R&D 经费投入和 R&D 人员投入）、经济发展水平、外商直接投资以及市场潜能。

（1）R&D 投入。创新活动最基础的投入便是 R&D 投入，很多学者在研究中均指出 R&D 投入对区域创新能力有着积极的影响作用。R&D 投入主要包括 R&D 经费投入（$K$）和 R&D 人员投入（$L$）。根据我国的现实情况，统计中的科研人员中有很大一部分并没有直接进行一线的科技研究工作，若以科研人员数量作为 R&D 人员投入指标则会产生较大的误差，因此，本研究选取 R&D 人员全时当量作为 R&D 人员投入指标。另外，R&D 人员投入需要 R&D 经费投入的支撑，故而本研究在解释变量中也选取了 R&D 经费投入指标。

（2）经济发展水平（人均 GDP）。无论是将技术进步作为外生变量的新古典经济增长理论，还是将技术作为内生变量的以阿罗模型、罗默模型和卢卡斯模型为代表的新经济增长理论，都认为技术对经济增长具有重要的影响。同时，经济发展水平也会对区域创新能力产生重要的影响。一般来讲，经济发展水平高的地区会有相对较高的财政收入水平，在创新资源投入上也会有较多的积累。此外，经济发展水平高的地区也会有较高的经济开放度和人才水平，其市场竞争程度会更为激烈，能够创造出良好的创新环境，激励企业进行创新活动。因此，各地区的区域创新能力的差异会受到地区经济发展水平不均衡的影响。在研究中，我们通常使用 GDP 来

---

① 参见宋帅邦《新疆乌昌经济区产业集聚与区域创新的关系研究》（硕士学位论文），新疆财经大学 2015 年，第 12 页。

衡量地区经济发展水平，但要想体现出经济发展的区域差距，人均 GDP 相较于 GDP 更为合适，因此，本研究选择人均 GDP 作为衡量地区经济发展的指标。

（3）外商直接投资（FDI）。经济全球化和区域经济一体化是当今世界经济发展的两大趋势，在这两大趋势下，区域创新能力不可能是完全封闭发展的。改革开放以来，大量外资进入我国东南沿海地区，随之而来的是大量国外的先进技术和管理理念，这为我国沿海地区的创新活动提供了动力和来源。当前学术界对 FDI 影响区域创新能力的研究还有一些争议，认为 FDI 对区域创新的影响具有两面性。一是正效应，由于知识溢出的存在和地理上的邻近性，FDI 对引入地区的企业会带来技术上的溢出，对这些企业的创新有重要的促进作用。同时，外资企业的进入会强化竞争，使本土企业迫于压力提高自身创新积极性。二是负效应，本土企业与外资企业进行竞争尤其是在人才的竞争方面会处于劣势，因此大量引进外资很可能会使大量本地优秀人才流入外资企业。一旦丧失人才这一创新基础，本土企业的创新能力将会受到很大的限制。一般来讲，FDI 的这两种效应是共同存在的，至于哪一种效应更强一些，这取决于二者之间的权衡关系。王红领等对研究 FDI 对引入地区企业创新的正负效应的文献进行了很好的梳理。[1] 因此，本研究选取外商直接投资中的实际利用外资额（FDI）指标作为区域创新能力的一个影响因素。

（4）市场潜能。新经济地理学理论认为，市场潜能越大，意味着周围地区对本地区的市场需求就越高，制造业企业易在此地区集聚，也就越有利于推动区域创新。本研究对市场潜能的计算采用 Harris 提出的"市场潜能函数"[2]，计算公式为：

$$Mp_i = \sum_{i \neq j} \frac{GDP_j}{d_{ij}} + \frac{GDP_i}{d_{ii}} \qquad (5-14)$$

其中，$GDP$ 为地区生产总值，$d_{ij}$ 为地区 $i$ 到地区 $j$ 之间的欧式直线距离，本研究的省级地区之间采用省会距离来代表，$d_{ii}$ 为地区内部距离，用地区半径的

---

① 参见王红领、李稻葵、冯俊新《FDI 与自主研发：基于行业数据的经验研究》，载《经济研究》2006 年第 2 期，第 44～56 页。

② Harris C. "The Market as a Factor in the Localization of Industry in the United States". *Annals of the Association of American Geographers*, 1954, 44（4），pp. 315–348.

2/3 来作为地区半径，即 $d_{ii} = \dfrac{2}{3}\sqrt{\dfrac{area_i}{\pi}}$，$area_i$ 为各省区市的面积。

## 第三节　整体样本制造业集聚对区域创新能力的影响研究

### 一、数据来源

本研究以我国 31 个省区市为研究样本，选取其 2005—2019 年相关数据进行研究，研究数据来源于历年《中国统计年鉴》《中国科技统计年鉴》以及各省区市的统计年鉴和统计公报等，缺失的数据利用平滑处理法进行补齐。

### 二、实证结果分析

在进行实证分析之前，本研究对模型进行了空间相关检验，即对非空间相关的 OLS 估计结果残差的空间统计量进行检验。考察 Moran's 和 LMlag、LMerr 统计量的显著性，检验结果多数显著，因此有必要将制造业集聚和区域创新能力的空间滞后项纳入模型。根据豪斯曼检验结果以及出于对地区差异和时间会带来估计偏差的考虑，本研究采用固定效应的空间杜宾模型进行实证估计，并将静态空间杜宾模型估计结果和动态空间杜宾模型估计结果进行对比，最终主要以动态空间杜宾模型的估计结果进行分析。

表 5 - 2 显示了制造业集聚对区域创新能力影响的静态和动态空间杜宾模型估计结果。本研究运用逐个加入变量法来考察制造业专业化集聚和多样化集聚对区域创新能力的影响，同时进行稳健性检验。从估计结果来看，制造业专业化集聚对区域创新能力的影响为正，且均在 10% 显著性水平下显著，说明本期内制造业专业化集聚对区域创新能力具有显著的促进作用。制造业专业化集聚除带来集聚效应外，还带来专业化分工，促进可编码知识和缄默知识的传播，从而提升区域创新能力。制造业多样化集聚对区域创新能力具有抑制作用。制造业专业化集聚的空间滞后项对区域

创新能力具有显著的正影响，说明随着区域经济一体化的发展，各地区产业联系与合作越来越密切，周边地区制造业专业化集聚的提高会对本地区的创新产生显著促进作用，表明地区间产业合作与协同是提升区域创新能力的重要途径之一。区域创新时间滞后项对本期区域创新能力的影响为正，且在1%显著性水平下显著，说明本期区域创新能力与历期区域创新能力显著正相关，创新在时间上是累积的，是一个连续的、不断积累的过程，具有明显的滚雪球效应。总的来看，制造业专业化集聚更能促进区域创新能力的提升，而多样化集聚则会抑制区域创新。之所以产生这一结论可能是因为我国产业发展目前正处于从追求速度的粗放型增长向高质量发展转型的阶段，企业仍倾向于选择在成熟产品上追加投入来抢占市场和获得规模收益。

表 5 - 2　制造业集聚对区域创新能力的影响

| 变量 | 静态空间杜宾模型 | | | 动态空间杜宾模型 | | |
|---|---|---|---|---|---|---|
| L. $\ln Y$ | — | — | — | 0.5058 *** | 0.4727 *** | 0.4655 *** |
| | | | | (0.0406) | (0.0415) | (0.0417) |
| $\ln RZ$ | 0.0362 * | — | 0.0055 * | 0.0144 * | — | 0.0557 * |
| | (0.0208) | | (0.0218) | (0.0200) | | (0.0215) |
| $\ln RD$ | — | -0.1408 *** | -0.1562 *** | — | -0.0676 *** | -0.0771 *** |
| | | (0.02389) | (0.0257) | | (0.0239) | (0.0260) |
| $\ln K$ | 0.0636 ** | 0.0770 *** | 0.0801 *** | 0.0653 ** | 0.0727 * | 0.0693 ** |
| | (0.0311) | (0.0292) | (0.0298) | (0.0312) | (0.0298) | (0.0308) |
| $\ln L$ | 0.0381 | 0.0396 | 0.0557 ** | 0.0034 | -0.0022 | 0.0015 |
| | (0.0276) | (0.0267) | (0.0556) | (0.0265) | (0.0261) | (0.0263) |
| $\ln GDP$ | 0.0093 | 0.0150 | 0.0111 | -0.0038 | -0.0015 | -0.0021 |
| | (0.0136) | (0.0130) | (0.0131) | (0.0121) | (0.0118) | (0.0119) |
| $\ln FDI$ | 0.0111 * | 0.0085 | 0.0069 | 0.0015 | 0.0007 | 0.0002 |
| | (0.0061) | (0.0060) | (0.0060) | (0.0058) | (0.0057) | (0.0057) |
| $\ln MP$ | -0.0146 | -0.0802 | -0.0557 | -0.0280 | -0.0533 | -0.0519 |
| | (0.0571) | (0.0517) | (0.0556) | (0.0568) | (0.0524) | (0.0566) |

续表 5 – 2

| 变量 | 静态空间杜宾模型 | | | 动态空间杜宾模型 | | |
|---|---|---|---|---|---|---|
| $W\ln RZ$ | 0.0309 | — | 0.1126** | 0.0071* | — | 0.0432* |
| | (0.0427) | | (0.0435) | (0.0403) | | (0.0424) |
| $W\ln RD$ | — | 0.0620* | 0.0516 | — | 0.0534 | 0.0538 |
| | | (0.0352) | (0.0378) | | (0.0351) | (0.0378) |
| $rho$ | 0.3964*** | 0.3873*** | 0.3721*** | 0.2969*** | 0.3055*** | 0.3021*** |
| | (0.0498) | (0.0517) | (0.0525) | (0.0511) | (0.0532) | (0.0538) |
| $R^2$ (within) | 0.2517 | 0.3013 | 0.3218 | 0.3942 | 0.4066 | 0.4102 |
| 样本数 | 465 | 465 | 465 | 434 | 434 | 434 |

注：*、**、***分别表示通过10%、5%、1%水平下的显著性检验。

从控制变量来看，R&D 人员全时当量的回归结果为正，但不显著，说明 R&D 人员投入越多，区域创新能力不一定就越强。李志宏等指出，R&D 人员越多并不代表生产的新知识就一定会多，因为我国可能存在 R&D 人员使用效率低下的情况，人员投入过多会导致冗员，产生拥挤效应，影响创新。[1] 另外，还有一个原因可能是创新活动属于资本密集型，需要大量的资金支撑，其不属于劳动密集型，人员投入过多并不一定对区域创新有显著的促进作用。R&D 经费内部支出回归结果为正，且在 5% 的水平下通过显著性检验，说明 R&D 经费投入对区域创新能力具有明显的促进作用。究其原因，创新活动需要大量的资金购买所需的实验设备、精密仪器和计算机等，而经费的高投入可以满足创新活动的这些需求，因此有利于加快创新进程。FDI 的回归系数为正，但不显著，说明外商直接投资会对区域创新能力产生促进作用，但目前还不明显。外资的进入会促使我国本土企业与外资企业竞争和合作，本地企业会在竞争与合作中学习随

① 参见李志宏、王娜、马倩《基于空间计量的区域间创新行为知识溢出分析》，载《科研管理》2013 年第 6 期，第 9 – 16 页。

外资而来的国外的先进技术和管理理念，以提升自身的创新能力，但从回归系数来看，我国目前尚处于学习未转化阶段。经济发展水平（人均GDP）的回归系数不显著，说明经济发展水平对我国区域创新能力影响不大，原因可能是我国现阶段经济增长方式仍显粗放，科技对经济的促进作用不强，经济对科技的反哺作用亦不明显，因此，我国在经济进入新常态以后，要转变发展方式，深入实施创新驱动战略，由要素、投资驱动转向创新驱动，提升经济与科技的互相促进作用。市场潜能的回归系数为负，但不显著，说明市场潜能对我国区域创新能力影响的也不大，但这不符合新经济地理学的预期。新经济地理学理论认为，市场潜能越大意味着周围地区对本地区的市场需求越高，制造业企业易于在此地区集聚，也就越有利于推动区域创新。而我国的情况很可能跟国内的市场化程度不高有关系。

为考察本地区和周边地区制造业集聚对本地区区域创新能力的影响，本研究基于空间杜宾模型估计出制造业集聚对区域创新能力影响的直接效应、间接效应和总效应，见表5-3。

由表5-3可以看出，无论短期还是长期，制造业专业化集聚对区域创新能力的直接效应和间接效应均显著为正，因此总效应也显著为正。这说明不论短期还是长期，本地区区域创新能力不仅受到本地区制造业专业化集聚的显著促进作用，而且受到周边地区制造业专业化集聚的显著促进作用。从回归系数来看，短期直接效应大于长期直接效应，短期间接效应小于长期间接效应，说明随着时间推移，制造业专业化集聚对本地区域创新能力的影响会减小，而周边地区的制造业专业化集聚对本地区区域创新能力的影响则会增大，这也说明随着制造业专业化集聚程度的提高，当集聚度超过最优规模以后会出现拥挤效应，导致专业化集聚对区域创新能力的促进作用减小，而制造业集聚的专业化溢出则会增强，从而使周边地区制造业专业化集聚对本地区区域创新能力的促进作用得到提升。而制造业多样化集聚无论短期还是长期，其对区域创新能力的直接效应均显著为负，间接效应均为正但不显著，因此二者相抵，总效应并不显著，这说明无论短期还是长期，制造业多样化集聚对本地区区域创新能力均具有明显的抑制作用，但对周边地区区域创新能力的影响作用并不明显。

表 5 - 3　制造业集聚对区域创新能力影响的直接效应、间接效应和总效应

| 变量 | | 静态空间杜宾模型 | | | 动态空间杜宾模型 | |
|---|---|---|---|---|---|---|
| **lnRZ** | SR_Direct | — | — | — | 0.0142 * (0.0197) | — | 0.0032 * (0.0210) |
| | SR_Indirect | — | — | — | 0.0122 * (0.0499) | — | 0.0574 * (0.0549) |
| | SR_Total | — | — | — | 0.0264 * (0.0575) | — | 0.0542 * (0.0620) |
| | LR_Direct | 0.0416 * (0.0227) | — | 0.0173 * (0.0228) | 0.0335 * (0.0467) | — | 0.0022 ** (0.0437) |
| | LR_Indirect | 0.0674 (0.0068) | — | 0.1634 *** (0.0587) | 0.0714 * (0.2142) | — | 0.1681 * (0.1810) |
| | LR_Total | 0.1091 * (0.0784) | — | 0.1806 *** (0.0679) | 0.1049 * (0.2442) | — | 0.1702 * (0.2056) |
| **lnRD** | SR_Direct | — | — | — | — | -0.0658 *** (0.0227) | -0.0721 *** (0.0244) |
| | SR_Indirect | — | — | — | — | 0.0428 (0.0406) | 0.0425 * (0.0460) |
| | SR_Total | — | — | — | — | -0.0230 (0.0449) | -0.0296 (0.0500) |
| | LR_Direct | — | -0.1390 *** (0.0245) | -0.1573 *** (0.0243) | — | -0.1244 *** (0.0455) | -0.1348 *** (0.0484) |
| | LR_Indirect | — | 0.0126 (0.0487) | -0.0050 (0.0481) | — | 0.0609 (0.1370) | 0.0546 (0.1505) |
| | LR_Total | — | -0.1264 ** (0.0561) | -0.1623 *** (0.0527) | — | -0.0634 (0.1566) | -0.0803 (0.1704) |
| 样本数 | | 465 | 465 | 465 | 434 | 434 | 434 |

注：*、＊＊、＊＊＊分别表示通过 10%、5%、1% 水平下的显著性检验。限于篇幅，这里仅给出了核心解释变量的估计结果。

# 第四节　不同要素密集型制造业集聚对区域创新能力的影响研究

上一节考察了制造业集聚总体样本对区域创新能力的影响，为考察制造业集聚对区域创新能力影响的行业异质性，本节对不同要素密集型制造业影响区域创新能力的效应进行评价分析。

## 一、数据来源

本节的数据来源于历年《中国统计年鉴》《中国科技统计年鉴》以及各省区市的统计年鉴和统计公报等，缺失的数据利用平滑处理法进行补齐。对不同要素密集型制造业的划分同第四章。

## 二、实证结果分析

表5-4 显示了不同要素密集型制造业专业化集聚和多样化集聚对区域创新能力影响的静态空间杜宾模型估计结果和动态空间杜宾模型估计结果。

表5-4　不同要素密集型制造业集聚对区域创新能力影响的估计结果

| 变量 | | 劳动密集型制造业 | | 资本密集型制造业 | | 技术密集型制造业 | |
| --- | --- | --- | --- | --- | --- | --- | --- |
| | | 静态 SDM 模型 | 动态 SDM 模型 | 静态 SDM 模型 | 动态 SDM 模型 | 静态 SDM 模型 | 动态 SDM 模型 |
| | L. lnY | — | 0.5061 *** (0.0406) | — | 0.4414 *** (0.0412) | — | 0.5237 *** (0.0422) |
| lnRZ | main | 0.0305 * (0.0183) | 0.0102 * (0.0170) | 0.0047 * (0.0189) | 0.0080 * (0.0187) | 0.0005 (0.0181) | 0.0083 * (0.0174) |
| | WlnRZ | 0.0220 (0.0332) | 0.0067 (0.0305) | 0.125 *** (0.0418) | 0.0696 * (0.0414) | 0.0014 (0.0375) | −0.0463 (0.0361) |

续表 5 – 4

| 变量 | 劳动密集型制造业 | | 资本密集型制造业 | | 技术密集型制造业 | |
|---|---|---|---|---|---|---|
| | 静态 SDM 模型 | 动态 SDM 模型 | 静态 SDM 模型 | 动态 SDM 模型 | 静态 SDM 模型 | 动态 SDM 模型 |
| SR_Direct | — | 0.0102 * (0.0162) | — | 0.0037 * (0.0184) | — | 0.0130 * (0.0184) |
| SR_Indirect | — | 0.0163 (0.0379) | — | 0.0901 * (0.0536) | — | – 0.0648 (0.0511) |
| SR_Total | — | 0.0265 * (0.0405) | — | 0.0864 * (0.0603) | — | 0.0778 * (0.0634) |
| lnRZ  LR_Direct | 0.0345 * (0.0185) | 0.0253 * (0.0359) | 0.0084 * (0.0202) | 0.0039 * (0.0364) | 0.0012 (0.0209) | 0.0509 * (0.0586) |
| LR_Indirect | 0.0477 (0.0429) | 0.0736 (0.1476) | 0.1793 *** (0.0606) | 0.2344 * (0.1563) | 0.0011 (0.0587) | – 0.3833 (0.5101) |
| LR_Total | 0.0822 * (0.0465) | 0.0989 * (0.1646) | 0.1877 *** (0.0702) | 0.2383 * (0.1767) | 0.0023 (0.0737) | 0.4342 * (0.5565) |
| main | 0.0194 (0.0143) | 0.0076 (0.0136) | – 0.1203 *** (0.0158) | – 0.0696 *** (0.0160) | – 0.0766 *** (0.0219) | – 0.0131 * (0.0174) |
| WlnRD | – 0.0103 (0.0257) | 0.0092 (0.0255) | – 0.0433 * (0.0244) | 0.0236 (0.0242) | 0.0083 (0.0381) | 0.0941 ** (0.0381) |
| SR_Direct | — | 0.0097 (0.0129) | — | – 0.0677 *** (0.0151) | — | – 0.0029 (0.0209) |
| SR_Indirect | — | 0.0164 (0.0327) | — | 0.0057 (0.0287) | — | 0.1249 ** (0.0537) |
| lnRD  SR_Total | — | 0.0262 (0.0349) | — | – 0.0620 ** (0.0312) | — | 0.1220 ** (0.0606) |
| LR_Direct | 0.0189 (0.0138) | 0.0253 (0.0359) | – 0.1209 *** (0.0151) | – 0.1250 *** (0.0282) | – 0.0794 *** (0.0213) | 0.0342 (0.0657) |

续表 5 - 4

| 变量 | 劳动密集型制造业 | | 资本密集型制造业 | | 技术密集型制造业 | |
|---|---|---|---|---|---|---|
| | 静态 SDM 模型 | 动态 SDM 模型 | 静态 SDM 模型 | 动态 SDM 模型 | 静态 SDM 模型 | 动态 SDM 模型 |
| LR_Indirect | − 0. 0011 (0. 0362) | 0. 0783 (0. 1333) | − 0. 0015 (0. 0322) | − 0. 0391 (0. 0777) | − 0. 0271 (0. 0537) | 0. 6814 * (0. 7327) |
| lnRD  LR_Total | 0. 0178 (0. 0396) | 0. 1030 (0. 1479) | − 0. 1224 *** (0. 0360) | − 0. 1641 * (0. 0886) | − 0. 1064 * (0. 0601) | 0. 7157 * (0. 7813) |
| rho | 0. 3912 *** (0. 0437) | 0. 2974 *** (0. 0516) | 0. 3849 *** (0. 0516) | 0. 2892 *** (0. 0536) | 0. 3891 *** (0. 0516) | 0. 3266 *** (0. 0522) |
| $R^2$（within） | 0. 2601 | 0. 3955 | 0. 3338 | 0. 4287 | 0. 2733 | 0. 3934 |
| 样本数 | 465 | 434 | 465 | 434 | 465 | 434 |

注：＊、＊＊、＊＊＊分别表示通过 10%、5%、1% 水平下的显著性检验。限于篇幅，这里仅给出了核心解释变量的估计结果。

首先，劳动密集型制造业专业化集聚对区域创新能力具有显著正影响，其空间滞后项对区域创新能力的影响并不显著。劳动密集型制造业专业化集聚对区域创新能力影响的短期直接效应和长期直接效应均显著为正，但短期间接效应和长期间接效应并不显著。而劳动密集型制造业多样化集聚对区域创新能力的影响并不显著，其空间滞后项对区域创新能力的影响也不显著，劳动密集型制造业多样化集聚对区域创新能力影响的短期直接效应和长期直接效应均不显著。这说明本地区劳动密集型制造业专业化集聚对本地区区域创新能力具有明显的促进作用，周边地区劳动密集型制造业专业化集聚对本地区区域创新能力的作用和影响并不明显；劳动密集型制造业多样化集聚对区域创新能力没有明显的影响。劳动密集型制造业专业化集聚增加了集聚区域对熟练工人的需求，会吸引周边地区的熟练工人进入集聚区。熟练工人会带来丰富的劳动经验，非熟练工人会在工作中通过"干中学"学习这些劳动经验，集聚区域整体的劳动力生产率进而得到提升。有经验的熟练工人之间也可以相互交流，对各自的劳动经验"取其精华"，最终在劳动工艺上进行创新，提升区域创新能力。但是，因为劳动密集型产业所需劳动力并非知识型人才，无法形成人力资本的积累，所以几乎不存在知识溢出。由于周边地区不能为本地区提供熟练劳动力，因此对本地区区域创新能力没有显著影响。而劳动密集型制造业的多样化集聚不能带来劳动经验的交流，大量的劳动力及劳动力需求高的企业在地理上简单的汇集并不能对创新起到显著的促进作用，因此对区域创新能力没有显著影响。

其次，资本密集型制造业专业化集聚对区域创新能力具有显著正影响，其空间滞后项对区域创新能力具有显著正影响。资本密集型制造业专业化集聚对区域创新能力影响的长期直接效应、短期直接效应、长期间接效应和短期间接效应均显著为正。资本密集型制造业多样化集聚对区域创新能力具有显著的负影响，其空间滞后项对区域创新能力作用不显著，资本密集型制造业多样化集聚对区域创新能力影响的短期直接效应和长期直接效应均显著为负，短期间接效应和长期间接效应均不显著。这说明本地区和周边地区资本密集型制造业专业化集聚对本地区区域创新能力均具有明显的促进作用。创新需要大量的资金支持，资本密集型制造业专业化集聚区具有雄厚的资本，能够为创新活动所需的实验设备、精密仪器和计算机等投入大量的资金，且不同企业能够实现设备共享和技术交流，对创新活动中这些固定资产的投资不仅能够提高均衡利润流来刺激创新，更能在新技术设备的投资中获得技术进步，从而提升生产率和区域创新效率，进而鼓励更多的资本密集型制造业进入专业化集聚，在循环累积作用下提高区域创新能力。另外，资本比劳动和技术更容易产生规模经济和范围经济。当资本密集型产业发生专业化集聚时，企业的大规模聚集会促使众企业为了获得规模经济和范围经济而进行兼并、重组，集聚中的企业所具有的物质资本会发生重叠，从而加剧企业间的竞争，激励企业创新，进而提升区域创新能力。而资本密集型制造业多样化集聚对区域创新能力具有明显的抑制作用，说明资本密集型制造业不同行业间资本投入竞争较强。由于不同行业间实验设备、精密仪器不能共享，各行业存在"此消彼长"的关系，因此，不利于区域创新能力的提升。

第三，技术密集型制造业专业化集聚对区域创新能力具有显著正影响，其空间滞后项对区域创新能力具有负影响，但不显著。技术密集型制造业专业化集聚对区域创新能力影响的短期直接效应和长期直接效应均显著为正，短期间接效应和长期间接效应均不显著。技术密集型制造业多样化集聚对区域创新能力具有显著负影响，其空间滞后项对区域创新能力具有显著正影响，技术密集型制造业多样化集聚对区域创新能力影响的短期直接效应和长期直接效应均不显著，短期间接效应和长期间接效应均显著为负。这说明技术密集型制造业专业化集聚对区域创新能力具有明显的促进作用。技术进步是创新最直接的推动力，技术密集型制造业专业化集聚使同行业内的企业可以通过学习网络和社会资本的便捷性获取创新的知识溢出，推动企业之间进行信息交流和传播，而企业之间的互动交流能够加速集聚区内部的技术知识溢出，促使新技术在区域内传递和扩散，促进技术进步和创新。同时，空间上的邻近使得企业可以通过竞争来提升技术创新效率。从理论上讲，在技术密集型企业多样化集聚过程中，区域内产业多样化的提升能够为区域内缄默知识和黏性知识的传播提供有利条件，促进不同产业间知识和技术的溢出，使产业间形成有利于自身发展的互补性学习网络，加强经济单元之间的互补性学习交流，进而带来区域创新能力的提升。然而，我国技术密集型制造业多样化集聚对技术创新效率存在负向影响，这有其合理性。技术密集型产业多为高技术产业，徐妍认为我国高技术产业的发展主要由政府进行规划，是自上而下的政策制定与执行，相关服务体系和政策尚不健全，高技术产业内部各个创新主体之间的互动交流不顺畅，在知识技术的吸收及创新产出方面均面临着诸多障碍，上述因素会导致高技术产业的多样化集聚对创新产出的影响存在时滞效应，不利于创新的发展。[①] 陈劲等的研究也表明我国高技术产业集聚与创新之间存在着正"U"形关系，当多样化集聚程度较低时，由于产业之间存在着制度差异，不同产业的企业难以形成统一协调的行为规范，资源和知识的流动与共享存在很大的障碍，因此不利于企业创新。[②]

总的来看，我国制造业专业化集聚对区域创新能力具有显著的促进作用，而多样化集聚则对区域创新能力具有抑制作用。这也与实践经验相一

① 参见徐妍《产业集聚视角下中国高技术产业创新效率及其空间分异研究》（博士学位论文），南开大学 2013 年，第 107 - 108 页。
② 参见陈劲、梁靓、吴航《开放式创新背景下产业集聚与创新绩效关系研究——以中国高技术产业为例》，载《科学学研究》2013 年第 4 期，第 623 - 629、577 页。

致。现阶段，我国的产业集聚区多为专业化集聚，如深圳的通信电子产业集群、广州的汽车制造产业集群、江苏的纺织业产业集群等。

# 第五节　本章小结

本章利用空间杜宾模型实证分析了我国制造业集聚对区域创新能力的影响，并区分不同要素密集型制造业，分别分析了劳动密集型制造业、资本密集型制造业、技术密集型制造业的专业化集聚和多样化集聚对区域创新能力的影响。结果显示，制造业整体样本、劳动密集型制造业、资本密集型制造业、技术密集型制造业专业化集聚对区域创新能力具有显著的促进作用。这也与实践经验相一致。现阶段，我国的产业集聚区多为专业化集聚，如深圳的通信电子产业集群、广州的汽车制造产业集群、江苏的纺织业产业集群等。

制造业多样化集聚对区域创新能力具有明显的抑制作用，可能是因为我国产业发展目前正处于从追求速度的粗放型增长向高质量发展转型的阶段，企业仍倾向于选择在成熟产品上追加投入来抢占市场和获得规模收益。对于劳动密集型制造业来说，可能因为劳动密集型制造业多样化集聚不能带来劳动经验的交流，大量的劳动力及劳动力需求高的企业在地理上简单的汇集并不能对创新起到显著的促进作用，所以对区域创新能力没有显著影响。对于资本密集型制造业来说，可能因为不同行业间资本投入竞争较强，且不同行业间实验设备、精密仪器不能共享，各行业存在着"此消彼长"的关系，不利于区域创新能力的提升。对于技术密集型制造业来说，可能因为技术密集型产业多为高技术产业，其发展主要由政府进行规划，是自上而下的政策制定与执行，相关服务体系和政策尚不健全，高技术产业内部各个创新主体之间的互动交流不顺畅，在知识技术的吸收及创新产出方面均面临着诸多障碍，导致高技术产业的多样化集聚对创新产出的影响存在时滞效应，不利于创新的发展。另外，还可能因为当多样化集聚程度较低时，产业之间存在着制度差异，不同产业的企业难以形成统一协调的行为规范，资源和知识的流动与共享存在很大的障碍，不利于企业创新。

从控制变量来看，R&D 人员全时当量对区域创新能力影响不显著，R&D 人员越多并不代表生产的新知识就越多，因为可能存在 R&D 人员使用效率低下的情况；R&D 经费投入对区域创新能力具有明显的促进作用，这是因为创新活动需要大量的资金来购买所需实验设备、精密仪器和计算机等，而经费的高投入可以满足创新活动的这些需求，因此有利于加快创新进程。FDI 的回归系数为正，但不显著，说明外商直接投资会对区域创新能力产生促进作用，但目前还不明显。经济发展水平（人均 GDP）的回归系数为负，但不显著，说明经济发展水平对我国区域创新能力影响不大，原因可能是我国现阶段经济增长方式仍显粗放，科技对经济的促进作用不强，经济对科技的反哺作用亦不明显。市场潜能的回归系数为负，但不显著，说明市场潜能对我国区域创新能力影响也不大，但这不符合新经济地理学的预期，我国的这种情况很可能与国内的市场化程度不高有关。

# 第六章　制造业集聚对区域创新能力的影响：基于地区异质性的视角

上一章对制造业集聚影响区域创新能力的行业异质性进行了研究，考察了不同要素密集型制造业专业化集聚和多样化集聚对区域创新能力的影响。本章将对制造业集聚影响区域创新能力的地区异质性进行研究，考察不同经济发展水平下，制造业专业化集聚和多样化集聚对区域创新能力的影响。

## 第一节　不同地区制造业集聚对区域创新能力的影响研究

本节将考察我国东中西部地区制造业专业化集聚和多样化集聚对区域创新能力的影响。

### 一、样本及数据来源

本节以我国东中西部地区为研究样本，其中东部地区包含北京、天津、河北、上海、江苏、浙江、福建、山东、广东和海南，中部地区包括山西、安徽、江西、河南、湖北、湖南，西部地区包括内蒙古、广西、重庆、四川、贵州、云南、西藏、陕西、甘肃、青海、宁夏和新疆，数据来源于历年《中国统计年鉴》《中国科技统计年鉴》以及各省区市的统计年鉴和统计公报等，缺失的数据利用平滑处理法进行补齐。

## 二、估计结果分析

表6-1显示了我国东中西部地区制造业专业化集聚和多样化集聚对区域创新能力影响的估计结果。

表6-1　我国东中西部地区制造业集聚对区域创新能力影响的估计结果

| 变量 | | 东部地区 | | 中部地区 | | 西部地区 | |
| --- | --- | --- | --- | --- | --- | --- | --- |
| | | 静态 SDM 模型 | 动态 SDM 模型 | 静态 SDM 模型 | 动态 SDM 模型 | 静态 SDM 模型 | 动态 SDM 模型 |
| L. lnY | | — | 0.4757*** (0.0766) | — | 0.4385*** (0.0761) | — | 0.3044*** (0.0731) |
| main | | -0.1011* (0.0533) | -0.0888* (0.0455) | 0.1589*** (0.0256) | 0.0823*** (0.0251) | -0.0472 (0.0452) | -0.0277 (0.0455) |
| WlnRZ | | 0.1773* (0.0932) | 0.1893** (0.0752) | -0.1078*** (0.0363) | -0.0927*** (0.0329) | 0.1771** (0.0850) | 0.1235 (0.0849) |
| lnRZ | SR_Direct | — | -0.0755* (0.0415) | — | 0.0720*** (0.0248) | — | -0.0283 (0.0441) |
| | SR_Indirect | — | 0.1768** (0.0727) | — | -0.0914** (0.0400) | — | 0.1310 (0.0874) |
| | SR_Total | — | 0.1013 (0.0715) | — | -0.0194 (0.0490) | — | 0.1027 (0.1094) |
| | LR_Direct | -0.0939* (0.0545) | -0.1156* (0.0839) | 0.1527*** (0.0263) | 0.1165* (0.0747) | -0.0453 (0.0457) | -0.0399 (0.0639) |
| | LR_Indirect | 0.1589* (0.0822) | 0.3840** (0.1892) | -0.0702 (0.0451) | -0.1790 (0.2914) | 0.1756** (0.0867) | 0.1914 (0.1318) |
| | LR_Total | 0.0650 (0.0934) | 0.2685 (0.2159) | 0.0825 (0.0533) | -0.0624 (0.3546) | 0.1303 (0.1122) | 0.1515 (0.1644) |

续表 6－1

| 变量 | | 东部地区 | | 中部地区 | | 西部地区 | |
|---|---|---|---|---|---|---|---|
| | | 静态<br>SDM 模型 | 动态<br>SDM 模型 | 静态<br>SDM 模型 | 动态<br>SDM 模型 | 静态<br>SDM 模型 | 动态<br>SDM 模型 |
| | *main* | － 0. 2556 \*\*\*<br>（0. 0449） | － 0. 1891 \*\*\*<br>（0. 0469） | 0. 0667 \*<br>（0. 0402） | 0. 0641 \*<br>（0. 0353） | 0. 0564<br>（0. 0815） | 0. 0422<br>（0. 0804） |
| | *W*ln*RD* | 0. 1896 \*\*\*<br>（0. 0575） | 0. 1753 \*\*\*<br>（0. 0583） | － 0. 2359 \*\*\*<br>（0. 0514） | － 0. 1530 \*\*\*<br>（0. 0465） | － 0. 3756 \*\*\*<br>（0. 0940） | － 0. 2714 \*\*\*<br>（0. 0966） |
| | *SR_Direct* | — | － 0. 1738 \*\*\*<br>（0. 0450） | — | 0. 0508 \*<br>（0. 0326） | — | 0. 0491<br>（0. 0768） |
| | *SR_Indirect* | — | 0. 1435 \*\*\*<br>（0. 0543） | — | － 0. 1712 \*\*\*<br>（0. 0559） | — | － 0. 2817 \*\*\*<br>（0. 0946） |
| ln*RD* | *SR_Total* | — | － 0. 0303<br>（0. 0661） | — | － 0. 1204 \*<br>（0. 0660） | — | － 0. 2326 \*\*\*<br>（0. 0791） |
| | *LR_Direct* | － 0. 2510 \*\*\*<br>（0. 0426） | － 0. 3176 \*\*\*<br>（0. 0915） | 0. 0357<br>（0. 0369） | 0. 0257 \*<br>（0. 0529） | 0. 0513<br>（0. 0790） | 0. 0692<br>（0. 1106） |
| | *LR_Indirect* | 0. 1633 \*\*\*<br>（0. 0505） | 0. 2552 \*<br>（0. 1485） | － 0. 2911 \*\*\*<br>（0. 0602） | － 0. 2583 \*\*\*<br>（0. 0927） | － 0. 3705 \*\*\*<br>（0. 0914） | － 0. 4115 \*\*\*<br>（0. 1381） |
| | *LR_Total* | － 0. 0877 \*<br>（0. 0522） | － 0. 0624<br>（0. 1923） | － 0. 2554 \*\*\*<br>（0. 0701） | － 0. 2839 \*\*\*<br>（0. 1388） | － 0. 3192 \*\*\*<br>（0. 0749） | － 0. 3423 \*\*\*<br>（0. 1185） |
| | *rho* | 0. 0753 \*\*\*<br>（0. 0885） | 0. 2043 \*\*\*<br>（0. 0850） | 0. 3267 \*\*\*<br>（0. 1002） | 0. 2930 \*\*\*<br>（0. 1004） | 0. 0147<br>（0. 0960） | 0. 0326<br>（0. 1004） |
| $R^2$ （within） | | 0. 4648 | 0. 3919 | 0. 4290 | 0. 5350 | 0. 3438 | 0. 2960 |
| 样本数 | | 150 | 140 | 90 | 84 | 180 | 168 |

注：\* 、＊ ＊ 、＊ ＊ ＊ 分别表示通过 10% 、5% 、1% 水平下的显著性检验。

首先，东部地区制造业专业化集聚对区域创新能力具有显著负影响，其空间滞后项对区域创新能力具有显著正影响。东部地区制造业专业化集聚对区域创新能力影响的短期直接效应和长期直接效应均显著为负，而短期间接效应和长期间接效应均显著为正，直接效应与间接效应相抵，导致短期总效应和长期总效应均不显著。而东部地区制造业多样化集聚对区域创新能力具有显著负影响，其空间滞后项对区域创新能力具有显著正影响，东部地区制造业多样化集聚对区域创新能力影响的短期直接效应和长期直接效应均显著为负，而短期间接效应和长期间接效应均显著为正，直接效应与间接效应相抵，导致短期总效应和长期总效应均不显著。以上分析说明东部地区本地制造业的专业化集聚和多样化集聚对本地区区域创新能力均具有明显的抑制作用，周边地区制造业的专业化集聚对本地区区域创新能力具有明显的促进作用。总的来看，东部地区与全国样本的回归结果有所不同，制造业不同的集聚结构抑制了本地区域创新能力，可能是因为东部地区属于我国人口聚集的沿海发达地区，这里聚集了大量的劳动力、资本和技术，随着近年这些地区生产成本的攀升，如土地租金昂贵、劳动力成本高、劳动力流动频繁等，产生了拥挤效应，导致集聚对本地区区域创新能力产生抑制。而由于东部地区经济发达，区域经济一体化程度较高，地区之间外部性较强，带来较强的空间溢出效应，因此，周边地区制造业集聚对本地区区域创新能力的间接效应显著为正。区域创新能力时间滞后项回归系数显著为正，说明东部地区区域创新能力具有明显的时间累积效应。

其次，中部地区制造业专业化集聚和多样化集聚对区域创新能力均具有显著正影响，其空间滞后项对区域创新能力均具有显著负影响。中部地区制造业专业化集聚对区域创新能力影响的短期直接效应和长期直接效应均显著为正，短期间接效应显著为负，长期间接效应不显著，直接效应与间接效应相抵，导致短期总效应和长期总效应均不显著。中部地区制造业多样化集聚对区域创新能力影响的短期直接效应和长期直接效应均显著为正，而短期间接效应和长期间接效应均显著为负，因此，其短期总效应和长期总效应均显著为负。以上分析说明中部地区本地制造业专业化集聚和多样化集聚对本地区区域创新能力均具有明显的促进作用，周边地区制造业集聚对本地区域创新能力具有明显的抑制作用。总的来看，中部地区与全国样本回归结果存在不同之处，与东部地区的情况则恰好相反。这一结论与国家"中部崛起""加大中部地区承接沿海产业转移"等战略措施密切相关：一方面国家加大了对中部发展的政策扶持；另一方面，中西部积极承接沿海产业转移，如广东、上海、浙江等沿海地区的玩具、家电、纺织、服装等劳动密集型制造业纷纷转移至湖南、湖北、安徽和江西等中部地区。这不仅加强了中部地区的产业集聚水平，更有利于生产企业利用中部地区丰富的劳动力及土地资源，扩大生产规模，形成规模效应。所以，中部地区制造业专业化集聚和多样化集聚均促进了区域创新能力的提高。分效应来看，制造业集聚的间接效应均为负，且系数绝对值大于直接效应系数绝对值，导致总效应为负，说明中部地区一体化水平较弱，地区之间溢出效应小，故应加强一体化建设，提高制造业集聚对区域创新能力的促进作用。区域创新能力时间滞后项回归系数显著为正，说明中部地区区域创新能力具有明显的时间累积效应。

西部地区区域创新能力时间滞后项回归系数显著为正，说明西部地区区域创新能力具有明显的时间累积效应。而西部地区制造业专业化集聚和多样化集聚对本地区区域创新能力影响均不显著，且西部地区空间杜宾模型回归 *rho* 值不显著，说明西部地区制造业集聚不存在外部性，无空间溢出效应。总体来说，西部地区制造业集聚对区域创新能力没有明显作用。原因可能是西部地区经济发展水平较低，制造业集聚影响区域创新能力的有效机制尚未建立，且区域一体化程度也较低，导致地区之间外部性低。

## 第二节　不同地区不同要素密集型制造业集聚对区域创新能力的影响

上一节考察了不同地区制造业集聚总体样本对区域创新能力的影响。为考察制造业集聚对区域创新能力影响的行业异质性，本节对不同地区的不同要素密集型制造业对区域创新能力的影响效应进行评价分析。由于西部地区制造业集聚对区域创新能力没有明显影响，且不存在外部性，因此，本节仅对东部和中部地区进行研究。

### 一、东部地区不同要素密集型制造业集聚对区域创新能力的影响

本部分对东部地区不同要素密集型制造业集聚对区域创新能力的影响

进行研究，对不同要素密集型制造业的划分同第四章。

表 6 - 2 显示了东部地区不同要素密集型制造业专业化集聚和多样化集聚对区域创新能力影响的静态空间杜宾模型估计结果和动态空间杜宾模型估计结果。

表 6 - 2　东部地区不同要素密集型制造业集聚对区域创新能力影响的估计结果

| 变量 | 劳动密集型制造业 | | 资本密集型制造业 | | 技术密集型制造业 | |
| --- | --- | --- | --- | --- | --- | --- |
| | 静态 SDM 模型 | 动态 SDM 模型 | 静态 SDM 模型 | 动态 SDM 模型 | 静态 SDM 模型 | 动态 SDM 模型 |
| L. $\ln Y$ | — | 0.6879*** (0.0726) | — | 0.0557*** (0.0737) | — | 0.5571*** (0.0754) |
| $main$ | 0.0731* (0.0405) | 0.0206 (0.0359) | 0.0240 (0.0360) | −0.0066 (0.0341) | 0.1333*** (0.0386) | 0.0550** (0.0357) |
| $W\ln RZ$ | 0.0789 (0.0584) | 0.0089 (0.0534) | 0.1399** (0.0635) | 0.0486 (0.0629) | 0.1889*** (0.0657) | 0.0589** (0.0711) |
| $SR\_Direct$ | — | 0.0194 (0.0336) | — | −0.0038 (0.0328) | — | 0.0492** (0.0365) |
| $\ln RZ$ $SR\_Indirect$ | — | 0.0115 (0.0506) | — | 0.0487 (0.0647) | — | 0.0585** (0.0734) |
| $SR\_Total$ | — | 0.0309 (0.0527) | — | 0.0449 (0.0742) | — | 0.0606* (0.0856) |
| $LR\_Direct$ | 0.0740* (0.0422) | 0.0689 (0.6214) | 0.0327 (0.0366) | 0.0123 (0.1005) | 0.1348*** (0.0400) | 0.1496* (0.1290) |
| $LR\_Indirect$ | 0.0739 (0.0505) | 0.1089 (1.6071) | 0.1450** (0.0597) | 0.1840 (0.4392) | 0.1897*** (0.0600) | 0.2203* (0.2564) |
| $LR\_Total$ | 0.1478*** (0.0418) | 0.1779 (1.6989) | 0.1777*** (0.0647) | 0.1963 (0.5003) | 0.1597*** (0.0737) | 0.3700* (3481) |

续表 6 - 2

| 变量 | 劳动密集型制造业 | | 资本密集型制造业 | | 技术密集型制造业 | |
| --- | --- | --- | --- | --- | --- | --- |
| | 静态 SDM 模型 | 动态 SDM 模型 | 静态 SDM 模型 | 动态 SDM 模型 | 静态 SDM 模型 | 动态 SDM 模型 |
| $main$ | - 0. 0076 (0. 0284) | - 0. 0098 (0. 0263) | - 0. 1414 *** (0. 0245) | - 0. 0748 *** (0. 0238) | - 0. 2018 *** (0. 0312) | - 0. 0703 * (0. 0378) |
| $WlnRD$ | - 0. 0439 (0. 0341) | 0. 0057 (0. 0324) | 0. 1085 *** (0. 0360) | 0. 0572 * (0. 0346) | 0. 3113 *** (0. 0505) | 0. 2121 *** (0. 0579) |
| $lnRD$ $SR\_Direct$ | — | - 0. 0074 (0. 0249) | — | - 0. 0689 *** (0. 0230) | — | - 0. 0461 (0. 0373) |
| $SR\_Indirect$ | — | 0. 0045 (0. 0311) | — | 0. 0436 (0. 0341) | — | 0. 2132 *** (0. 0594) |
| $SR\_Total$ | — | - 0. 0030 (0. 0386) | — | - 0. 0253 (0. 0433) | — | 0. 1670 ** (0. 0745) |
| $LR\_Direct$ | - 0. 0081 (0. 0274) | - 0. 0183 (0. 2406) | - 0. 1370 *** (0. 0239) | - 0. 1513 ** (0. 0729) | - 0. 1851 *** (0. 0306) | - 0. 0220 * (0. 0957) |
| $LR\_Indirect$ | - 0. 0391 (0. 0274) | 0. 0506 (1. 0088) | 0. 0914 *** (0. 0337) | 0. 0810 (0. 3130) | 0. 2810 *** (0. 0498) | 0. 4892 ** (0. 2189) |
| $LR\_Total$ | - 0. 0472 (0. 0306) | 0. 0323 (1. 0964) | - 0. 0457 (0. 0389) | - 0. 0704 (0. 3636) | 0. 0958 ** (0. 0548) | 0. 5113 * (0. 2727) |
| $rho$ | 0. 1056 ** (0. 0925) | 0. 1866 ** (0. 0874) | 0. 1159 *** (0. 0878) | 0. 2163 *** (0. 0857) | 0. 2192 *** (0. 0798) | 0. 2363 *** (0. 0841) |
| $R^2$（within） | 0. 3410 | 0. 2961 | 0. 2913 | 0. 3499 | 0. 3410 | 0. 3708 |
| 样本数 | 150 | 140 | 150 | 140 | 150 | 140 |

注：*、* *、* * *分别表示通过 10%、5%、1% 水平下的显著性检验。

从表 6 - 2 中可以看出，东部地区劳动密集型制造业专业化集聚和多样化集聚对区域创新能力影响各项系数均不显著，说明东部地区劳动密集型制造业集聚已不能对区域创新能力形成有效作用，这可能是因为劳动密集型制造业多数已实现产业转移，产业集聚对区域创新的影响机制已不能有效运转。资本密集型制造业专业化集聚和多样化集聚对区域创新能力影响均为负，与东部地区总样本一致，但专业化集聚影响系数不显著，其空间滞后项对区域创新能力影响显著为正，与东部地区总样本一致。技术密集型制造业专业化集聚对区域创新能力具有显著正影响，多样化集聚对区域创新能力具有显著负影响，与全国技术密集型制造业样本一致；专业化集聚和多样化集聚的空间滞后项均对区域创新能力有显著正影响，说明东部地区区域一体化程度较高，制造业集聚正外部性较强，带来了正的空间溢出效应，周边地区技术密集型制造业集聚促进了本地区区域创新能力的提升。技术密集型制造业专业化集聚的短期直接效应、短期间接效应、长期直接效应和长期间接效应均显著为正，因此，其短期总效应和长期总效应均显著为正；技术密集型制造业多样化集聚的短期直接效应和长期直接效应均显著为负，短期间接效应和长期间接效应均显著为正，但间接效应系数绝对值大于直接效应绝对值，因此，其短期总效应和长期总效应均显著为正。区域创新能力时间滞后项系数显著为正，说明区域创新能力在时间上具有累积效应。

总的来看，东部地区以技术密集型制造业集聚对区域创新能力影响最为显著。可能是因为：一方面，东部地区经济发达，不仅是技术、知识密集型企业的集聚地，更是高校、研究院所、跨国公司的集聚地，不同企业和机构之间的技术交流会促进技术不断更新，从而带来区域创新能力的提升；另一方面，东部地区率先实行产业转移与产业结构升级，产业发展以追求质量效益型集约增长为目标，将新型产业、高端技术产业、金融服务业等作为重点引进、资助、扶持产业，有利于进一步提升区域创新能力。

## 二、中部地区不同要素密集型制造业集聚对区域创新能力的影响

本部分对中部地区不同要素密集型制造业集聚对区域创新能力的影响进行研究，对不同要素密集型制造业的划分同第四章。

表6-3显示了中部地区不同要素密集型制造业专业化集聚和多样化集聚对区域创新能力影响的静态空间杜宾模型估计结果和动态空间杜宾模

型估计结果。

表 6 - 3　中部地区不同要素密集型制造业集聚对区域创新能力影响的估计结果

| 变量 | | 劳动密集型制造业 | | 资本密集型制造业 | | 技术密集型制造业 | |
|---|---|---|---|---|---|---|---|
| | | 静态<br>SDM 模型 | 动态<br>SDM 模型 | 静态<br>SDM 模型 | 动态<br>SDM 模型 | 静态<br>SDM 模型 | 动态<br>SDM 模型 |
| | L. $\ln Y$ | — | 0.6601 *** <br>(0.0831) | — | 0.3621 *** <br>(0.0770) | — | 0.4867 *** <br>(0.0857) |
| | $main$ | 0.0582 ** <br>(0.0247) | 0.0273 ** <br>(0.0831) | 0.2077 *** <br>(0.0255) | 0.1297 *** <br>(0.0277) | 0.1706 *** <br>(0.0328) | 0.0658 ** <br>(0.0338) |
| | $W\ln RZ$ | − 0.0583 <br>(0.0356) | − 0.0506 * <br>(0.0298) | − 0.1083 *** <br>(0.0360) | − 0.1114 *** <br>(0.0335) | − 0.1385 *** <br>(0.0396) | − 0.1279 *** <br>(0.0373) |
| | $SR\_Direct$ | — | 0.0179 ** <br>(0.0214) | — | 0.1199 *** <br>(0.0280) | — | 0.0549 * <br>(0.0294) |
| $\ln RZ$ | $SR\_Indirect$ | — | − 0.0631 <br>(0.0459) | — | − 0.1009 *** <br>(0.0377) | — | − 0.1339 *** <br>(0.0380) |
| | $SR\_Total$ | — | − 0.0452 <br>(0.0563) | — | 0.0190 <br>(0.0485) | — | − 0.0789 * <br>(0.0442) |
| | $LR\_Direct$ | 0.0537 ** <br>(0.0254) | 0.1091 * <br>(0.7967) | 0.2036 *** <br>(0.0260) | 0.1831 *** <br>(0.0479) | 0.1603 *** <br>(0.0331) | 0.0415 ** <br>(0.2741) |
| | $LR\_Indirect$ | − 0.0469 <br>(0.0474) | 0.0925 <br>(0.7054) | − 0.0676 * <br>(0.0402) | − 0.1500 <br>(0.0929) | − 0.1008 ** <br>(0.0506) | − 0.4612 * <br>(0.3279) |
| | $LR\_Total$ | 0.0068 <br>(0.0563) | 0.2016 <br>(0.4293) | 0.1361 *** <br>(0.0450) | 0.0331 <br>(0.1199) | 0.0595 <br>(0.0601) | − 0.4197 <br>(0.5959) |
| | $main$ | 0.0456 ** <br>(0.0192) | 0.0074 * <br>(0.0164) | 0.0329 * <br>(0.0310) | 0.0533 * <br>(0.0295) | 0.0303 <br>(0.0306) | 0.0127 <br>(0.0281) |
| $\ln RD$ | $W\ln RD$ | 0.0439 <br>(0.0317) | − 0.0412 <br>(0.0277) | − 0.1718 *** <br>(0.0339) | − 0.1325 *** <br>(0.0333) | − 0.1048 ** <br>(0.0425) | 0.0033 <br>(0.0422) |
| | $SR\_Direct$ | — | 0.0002 * <br>(0.0198) | — | 0.0443 * <br>(0.0264) | — | 0.0179 <br>(0.0295) |

续表 6 – 3

| 变量 | | 劳动密集型制造业 | | 资本密集型制造业 | | 技术密集型制造业 | |
|---|---|---|---|---|---|---|---|
| | | 静态 SDM 模型 | 动态 SDM 模型 | 静态 SDM 模型 | 动态 SDM 模型 | 静态 SDM 模型 | 动态 SDM 模型 |
| lnRD | SR_Indirect | — | – 0. 0609 (0. 0506) | — | – 0. 1445 *** (0. 0352) | — | 0. 0152 (0. 0627) |
| | SR_Total | — | – 0. 0608 (0. 0659) | — | – 0. 1001 *** (0. 0390) | — | 0. 0331 (0. 0803) |
| | LR_Direct | 0. 0558 *** (0. 0211) | 0. 0129 * (0. 9896) | 0. 0165 (0. 0279) | 0. 0571 (0. 0423) | – 0. 0520 * (0. 0309) | 0. 0522 (0. 2413) |
| | LR_Indirect | 0. 0895 * (070485) | 0. 0216 (0. 6033) | – 0. 2013 (0. 0339) | – 0. 2564 *** (0. 0762) | – 0. 1713 *** (0. 0564) | 0. 1092 (0. 1431) |
| | LR_Total | 0. 1454 ** (0. 0616) | 0. 0088 (0. 2380) | – 0. 1848 *** (0. 0359) | – 0. 1993 ** (0. 0901) | – 0. 2232 *** (0. 0725) | 0. 1613 (0. 3798) |
| | rho | 0. 3767 *** (0. 0978) | 0. 4368 *** (0. 0969) | 0. 2402 *** (0. 1060) | 0. 2383 *** (0. 1063) | 0. 3761 *** (0. 0936) | 0. 3443 *** (0. 0958) |
| $R^2$ （within） | | 0. 1499 | 0. 3743 | 0. 5466 | 0. 6009 | 0. 3709 | 0. 4865 |
| 样本数 | | 90 | 84 | 90 | 84 | 90 | 84 |

注：＊、＊＊、＊＊＊分别表示通过10%、5%、1%水平下的显著性检验。

从表6 – 3中可以看出，中部地区劳动密集型制造业专业化集聚和多样化集聚、资本密集型制造业专业化集聚和多样化集聚均对区域创新能力具有显著正影响，专业化集聚和多样化集聚的空间滞后项均对区域创新能力有显著负影响。劳动密集型制造业专业化集聚和多样化集聚的短期直接效应和长期直接效应均显著为正，短期间接效应和长期间接效应均不显著，因此，其短期总效应和长期总效应均不显著。资本密集型制造业专业化集聚短期直接效应和长期直接效应均显著为正，短期间接效应显著为负，长期间接效应为负但不显著，因此，其短期总效应和长期总效应均不显著；资本密集型制造业多样化集聚短期直接效应显著为正，长期直接效应为正但不显著，短期间接效应和长期间接效应均显著为负，因此，其短期总效应和长期总效应均显著为负。二者回归结果与中部地区总样本有较强一致性。技术密集型制造业专业化集聚短期直接效应和长期直接效应均显著为正，短期间接效应和长期间接效应均显著为负，因此，其短期总效应显著为负，其长期总效应为负但不显著，与中部地区总样本有较强一致性；多样化集聚回归系数均不显著，但系数均为正，说明中部地区技术密集型制造业多样化集聚在促进区域创新能力提升方面具有潜力，但因经济发展水平和区域经济一体化程度较低，无法形成多样化集聚促进区域创新能力的有效机制，导致作用不明显。

# 第三节　本章小结

本章利用空间杜宾模型实证分析了我国东中西部地区制造业集聚对区域创新能力的影响，并区分不同要素密集型制造业，分别对东部和中部地区（由于西部地区制造业集聚对区域创新能力影响不显著，且不存在外部性，因此没有对西部地区进行分析）的劳动密集型制造业、资本密集型制造业、技术密集型制造业专业化集聚和多样化集聚对区域创新能力的影响进行了分析。结果显示，东部地区本地制造业专业化集聚和多样化集聚对本地区区域创新能力均具有明显的抑制作用，周边地区制造业专业化集聚和多样化集聚对本地区区域创新能力均具有明显的促进作用。这与全国样本有所不同，原因可能是东部地区聚集了大量的劳动力、资本和技术，随着近年这些地区的生产成本的攀升，产生了拥挤效应，导致集聚对本地区区域创新能力产生抑制作用；而较高区域经济一体化程度带来较强的正外部性，因此制造业集聚对周边地区区域创新能力的间接效应显著为正。中部地区本地制造业专业化集聚和多样化集聚对本地区区域创新能力均具有明显的促进作用，周边地区制造业专业化集聚和多样化集聚对本地区区域创新能力均具有明显的抑制作用。这与全国样本回归结果亦有所不同，与东部地区的情况则恰好相反，这一结论与国家"中部崛起""加大中部地区承接沿海产业转移"等战略措施密切相关。此外，西部地区制造业集聚对区域创新能力没有明显作用，原因可能是西部地区经济发展水平较低，制造业集聚影响区域创新能力的有效机制尚未形成，且区域一体化程度也较低，导致地区之间外部性低。

　　具体来看，东部地区劳动密集型制造业集聚已不能对区域创新能力产生有效作用，可能是因为大多数劳动密集型制造业已实现产业转移，产业集聚对区域创新的影响机制已不能有效运转；资本密集型制造业集聚对区域创新能力的影响与东部地区总样本一致；技术密集型制造业专业化集聚和多样化集聚对本地区区域创新能力的影响与全国技术密集型制造业样本一致，周边地区技术密集型制造业专业化集聚和多样化集聚对本地区区域创新能力均有显著正影响，说明东部地区区域一体化程度较高，技术密集型制造业集聚正外部性较强，促进了周边地区区域创新能力的提升。总的来看，东部地区以技术密集型制造业集聚对区域创新能力影响最为显著。中部地区劳动密集型制造业和资本密集型制造业集聚对区域创新能力的影响与中部地区总样本有较强一致性；技术密集型制造业专业化集聚对区域创新能力影响与中部地区总样本有较强一致性，多样化集聚对区域创新能力影响的回归系数为正但不显著，说明中部地区技术密集型制造业多样化集聚在促进区域创新能力提升方面具有潜力，但因经济发展水平和区域经济一体化程度较低，无法形成多样化集聚以促进区域创新能力提升的有效机制，导致作用不明显。

# 第七章　结论、建议及研究展望

本章将对本研究的理论和实证研究结论进行总结，同时，结合本研究的研究结论提出相关的政策建议，并对这一研究的未来方向进行展望。

## 第一节　主要结论

本研究以制造业集聚对我国区域创新能力的影响为研究对象，同时考虑了行业异质性和地区异质性，探讨了不同要素密集型制造业以及我国东部、中部、西部地区制造业专业化集聚和多样化集聚对我国区域创新能力的影响。在理论方面，本研究对国内外相关理论和研究现状进行了回顾，在此基础上总结了制造业集聚对区域创新能力影响的外部经济效应、市场规模效应、持续创新效应、社会资本效应、区位品牌效应、资源共享效应、劳动力市场效应七大效应，并分析了制造业集聚对区域创新的影响路径，同时分析了制造业集聚对区域创新不同构成要素的影响，还借助经济增长理论分析了制造业专业化集聚和多样化集聚对区域创新能力的影响机制。在实证方面，在产业集聚的测度上，本研究利用空间基尼系数法和区位商法对制造业集聚程度从动态和静态两个方面进行测算，并分析了制造业集聚的专业化特征和多样化特征。在区域创新方面，本研究从创新投入、创新产出和区域创新能力三个方面对我国 31 个省区市的创新能力进行了分析，进而利用计量经济学相关模型实证分析了制造业集聚行业异质性和地区异质性对区域创新能力的影响。本研究的主要结论如下。

## 一、我国制造业具有明显的空间集聚现象

从制造业集聚测算结果来看，一方面，我国制造业整体存在明显的集聚现象，说明我国地区发展不均衡，存在梯度差距。从变化趋势来看，制造业集聚经历了先上升后下降再上升的变化趋势，说明中国制造业集聚程度总体呈"N"形变化趋势。从行业来看，高度集聚的行业有 6 个，中度集聚的行业有 11 个，相对分散的行业有 3 个。2019 年集聚程度最高的为化学纤维制造业，这是因为化学纤维制造业大部分为私营企业，在功能上具有较强的灵活性，使其能够更容易转向差异化和功能化生产，产业高度集中。农副食品加工业、食品制造业以及酒、饮料和精制茶制造业等产业集聚度较低，这是因为这些产业具有市场指向性，我国消费市场巨大，随着人民生活水平的提高，对这些产业的产品需求增多，使其在每个地区均有分布。集聚程度高的产业多为资本密集型产业和技术密集型产业。在工业化加速发展过程中，大型生产设备和使用先进技术的设备在制造业中得到广泛使用，使得资本密集型产业和技术密集型产业高度集聚，同时伴随着我国到达"刘易斯拐点"，人口红利正在逐步消失，劳动力成本上升，新常态下的产业发展要求使国家对资本密集型产业和技术密集型产业加强扶持，以调整产业结构，减轻资源负担，使得劳动密集型行业集聚水平出现下降。而纺织业等劳动密集型产业则不然，这是由于我国加入 WTO 以后，东部地区在具有廉价劳动力优势的基础上，利用其地理位置的优势发展出口导向型产业，因此纺织业等劳动密集型产业在东部地区高度集聚。之后随着劳动力成本上升，加上东部地区土地资源紧张等原因，劳动密集型产业向中西部转移，集聚水平下降，但变化幅度较小。

另一方面，2005 年我国劳动密集型制造业主要集聚于东部地区和中部地区个别省区市，西部地区集聚度较小，劳动密集型产业已经出现由东部地区向中西部地区转移的趋势。2019 年我国劳动密集型制造业主要集聚于中部地区和西部地区个别省区市，而东部地区的集聚度很小，出现了明显的产业转移现象，可能的原因是随着东部地区经济的发展，出现的一些负面效应倒逼东部地区进行产业转移以优化产业结构。根据空间邻近性，中部地区将优先承接东部地区产业转移，西部地区次之。2005 年和

2019 年资本密集型制造业集聚分两种情况，依赖资源的产业在资源禀赋高的中西部地区集聚度高，而其产值却在东部沿海地区较高，说明我国各地区之间存在资源错配现象；其他资本密集型产业主要集中于东南部沿海地区，主要是因为这里的基础设施完善，形成了理想的投资环境。2005年和 2019 年我国技术密集型制造业主要集中于东部地区，因为该地区具有良好的科研环境，对技术密集型产业具有较强的吸引力。总体来看，技术密集型产业要小于劳动密集型产业和资本密集型产业，这是因为技术密集型产业的特点使其在各地均有所发展。

上述结论表明，我国制造业发展具有空间非均衡性。随着改革开放的深入，市场化程度加深，东部地区的某些产业因为发展瓶颈的限制，逐步向中西部地区转移。不同产业由于自身发展路径以及产业集聚循环累计因果原理的作用，在不同地区具有不同的集聚程度，产业集聚程度总体呈现从东部到西部依次降低的特点。因此，政府应当依据当地特点，合理规划产业布局，制定良好的产业发展政策，为产业集聚创造优良环境；不同地方政府之间应加强合作，制定配套的产业政策，打破垄断，推进市场化改革，降低交易成本，使要素能够在区域之间自由流动，优化区域间产业布局，同时要避免出现资源错配等问题；中西部地区要抓住机遇，合理规划项目，完善基础设施，改善投资环境，积极承接东部产业转移，转变经济发展方式。

## 二、我国的区域创新能力存在着显著的差异

从创新投入来看，我国 R&D 经费内部支出主要集中在北京、上海、山东、江苏、浙江、广东、河南、陕西、湖南、四川等地，具有十分明显的地理集聚现象。这是因为创新活动存在较强的空间溢出效应和区域互动效应，需要在空间上的高度集聚。2019 年东部地区 R&D 经费内部支出占全国的 66%，主要集中于京津冀、长三角、粤港澳大湾区等经济比较发达的地区，显示了与经济格局极强的耦合性。2005—2019 年我国 R&D 人员全时当量增长迅速，R&D 人员也存在着与 R&D 经费内部支出相似的空间布局。从 2019 年来看，东部地区、中部地区、西部地区和东北地区具有明显的差异，其中东部地区 R&D 人员全时当量占全国一半以上。此外，各经济

地带内部也存在巨大差异，广东、江苏的 R&D 人员全时当量均高于西部
地区的总和，而沿海省份辽宁的 R&D 人员全时当量不到广东的 20%，且
远低于湖北、安徽、湖南、四川等中西部省份。从空间布局的纵向发展来
看，"孔雀东南飞"现象依然存在，包含较高人力资本的 R&D 人员进一
步向京津冀、长三角、粤港澳大湾区集聚，中西部地区的 R&D 人员向西
安、武汉、成都等经济文化科技战略中心集中。

从创新产出来看，我国专利产出的区域差异较为明显，主要集中于东
部地区和中西部的湖北、陕西、四川等地。同时，各区域内部也有较强的
地理集聚倾向，东部沿海地区专利产出主要集中在京津冀、长三角和粤港
澳大湾区，中西部地区主要集中于四川、湖北、陕西等地。另外，专利产
出在地理上具有时间累积性特点，说明创新活动表现出高度的时间相关
性，创新活动的空间结构较为稳定。初始阶段创新能力较强、创新活动活
跃的区域，后续发展一般也能取得较好的创新绩效。创新活动是有门槛、
需要基础的，区域只有具备一些技术创新的基础条件，后续发展才会呈现
突进趋势。再者，某个区域要成为技术创新较强的区域还会受到其他区域
的影响，创新较强的区域除自身拥有较好的硬件与软件设施外，由于创新
投资回报率也就是空间报酬递增的存在，还会不断吸收其他区域创新要素
的影响，也就是"极化效应"，尤其是在创新要素的跨区域流动日益畅通
的情况下，循环积累效应的存在使得强者更强。

从区域创新能力来看，我国中部地区和西部地区的区域创新能力处于
上升趋势，中部地区有较大的波动性，西部地区的上升趋势相对较为平
稳。东部地区和东北地区的区域创新能力处于下降趋势，东部地区在波动
中略有下降，而东北地区的下降幅度比较明显，且波动较大。东部地区的
区域创新能力虽有下降，但仍最强；中部地区的区域创新能力在 2012 年
超过东北地区以后，一直居于第二位，且与东北地区和西部地区的差距明
显增大；而东北地区的区域创新能力自 2011 年以来一直处于波动下降，
且降幅较大，并于 2015 年被西部地区超越，成为我国区域创新能力较弱
的地区；西部地区曾是我国区域创新能力排名最后的地区，但其区域创新
能力在缓慢提升，于 2015 年超越东北地区成为第三名。

分地区看，我国区域创新能力水平在地区之间有较大的差距，区域创
新能力强的省区市均集中在东南沿海地区，而且越来越明显，其中江苏、

广东、浙江、山东、北京和上海六个地区是我国区域创新能力的排头兵。中部地区河南、湖北、湖南、四川、重庆等地区域创新能力明显提高，虽然在发展过程中具有较大的波动性，但是整体的区域创新能力在提升，将会成为我国区域创新新极点。而广西、山西、内蒙古、云南、贵州、甘肃、新疆、宁夏、海南、青海和西藏等地是我国区域创新能力较弱的地区，这些地区除山西和海南外均属于西部地区。另外，我国区域创新能力分布较为稳定，除少数几个省区市外，其他省区市的区域创新能力均在各自的区间内波动，变化幅度不大。2015 年以后区域创新能力的总体水平呈现下降趋势，说明经济新常态下经济增速的降低导致了创新能力的下降。

## 三、我国制造业专业化集聚和多样化集聚对区域创新能力的作用不同

从回归结果来看，制造业整体样本、劳动密集型制造业、资本密集型制造业、技术密集型制造业专业化集聚对区域创新能力具有显著的促进作用，制造业专业化集聚除带来集聚效应外，还带来了专业化分工，促进了可编码知识和缄默知识的传播，提升了区域创新能力。这也与实践经验相一致。现阶段，我国的产业集聚区多为专业化集聚，如深圳的通信电子产业集群、广州的汽车制造产业集群、江苏的纺织业产业集群等。制造业专业化集聚的空间滞后项对区域创新能力具有显著的正影响，说明随着区域经济一体化的发展，各地区产业联系与合作越来越密切，周边地区制造业专业化集聚的提高会对本地创新产生显著的促进作用，表明地区间产业合作与协同是提升区域创新能力的重要途径之一。区域创新时间滞后项对本期区域创新能力的影响为正，说明本期区域创新能力与历期区域创新能力显著正相关，创新在时间上是累积的，是一个连续的、不断积累的过程，具有明显的滚雪球效应。

无论短期还是长期，制造业专业化集聚对区域创新能力的直接效应和间接效应均显著为正，因此总效应也显著为正。这说明不论短期还是长期，本地区区域创新能力不仅受到本地区制造业专业化集聚的显著促进作用，而且受到周边地区制造业专业化集聚的显著促进作用。从回归系数来

看，短期直接效应大于长期直接效应，短期间接效应小于长期间接效应，说明随着时间推移，制造业专业化集聚对本地区区域创新能力的影响会减小，而周边地区制造业专业化集聚对本地区区域创新能力的影响则会增大；同时也说明随着制造业专业化集聚程度的提高，当集聚度超过最优规模以后，会出现拥挤效应，导致专业化集聚对区域创新能力的促进作用减小，而制造业集聚的专业化溢出则会增强，从而使周边地区制造业专业化集聚对本地区区域创新能力的促进作用得到提升。

制造业多样化集聚对区域创新能力具有明显的抑制作用，可能是因为我国产业发展目前正处于从追求速度的粗放型增长向高质量发展转型的阶段，企业仍倾向于选择在成熟产品上追加投入来抢占市场和获得规模收益。对于劳动密集型制造业来说，可能因为劳动密集型制造业多样化集聚不能带来劳动经验的交流，大量的劳动力及劳动力需求高的企业在地理上的简单汇集并不能对创新起到显著的促进作用，因此对区域创新能力没有显著影响。对于资本密集型制造业来说，可能因为不同行业间资本投入竞争较强，且不同行业间实验设备、精密仪器不能共享，各行业存在"此消彼长"的关系，不利于区域创新能力的提升。对于技术密集型制造业来说，可能因为技术密集型产业多为高技术产业，其发展主要由政府进行规划，是自上而下的政策制定与执行，相关服务体系和政策尚不健全，高技术产业内部各个创新主体之间的互动交流不顺畅，在知识技术的吸收及创新产出方面均面临着诸多障碍，导致高技术产业的多样化集聚对创新产出的影响存在时滞效应，不利于创新的发展。另外，还可能因为当多样化集聚程度较低时，产业之间存在制度差异，不同产业的企业难以形成统一协调的行为规范，资源和知识的流动与共享存在很大的障碍，不利于企业创新。

从控制变量来看，R&D 人员全时当量对区域创新能力影响不显著，R&D 人员越多并不代表生产的新知识就越多，因为可能存在 R&D 人员使用效率低下的情况；R&D 经费投入对区域创新能力具有明显的促进作用，其原因在于创新活动需要大量的资金来购买所需实验设备、精密仪器和计算机等，而经费的高投入可以满足创新活动的这些需求，因此有利于加快创新进程。FDI 的回归系数为正，但不显著，说明外商直接投资会对区域创新能力产生促进作用，但目前还不明显。经济发展水平（人均 GDP）

的回归系数为负，但不显著，说明经济发展水平对我国区域创新能力影响不大，原因可能是我国现阶段经济增长方式仍显粗放，科技对经济的促进作用不强，经济对科技的反哺作用亦不明显。市场潜能的回归系数为负，但不显著，说明市场潜能对我国区域创新能力影响也不大，但这不符合新经济地理学的预期，我国的这种情况很可能与国内的市场化程度不高有关。

## 四、不同地区制造业集聚对区域创新能力的影响各异

东部地区本地制造业专业化集聚和多样化集聚对本地区区域创新能力均具有明显的抑制作用，周边地区制造业专业化集聚和多样化集聚对本地区区域创新能力均具有明显的促进作用。这与全国样本有所不同，原因可能是东部地区聚集了大量的劳动力、资本和技术，随着近年这些地区的生产成本的攀升，产生了拥挤效应，导致集聚对本地区区域创新能力产生抑制作用；而较高区域经济一体化程度带来较强正外部性，因此制造业集聚对周边地区区域创新能力的间接效应显著为正。中部地区本地制造业专业化集聚和多样化集聚对本地区区域创新能力均具有明显的促进作用，周边地区制造业专业化集聚和多样化集聚对本地区区域创新能力均具有明显的抑制作用。这与全国样本回归结果亦有不同之处，与东部地区的情况则恰好相反，这一结论与国家"中部崛起""加大中部地区承接沿海产业转移"等战略措施密切相关。此外，西部地区制造业集聚对区域创新能力没有明显作用，原因可能是西部地区经济发展水平较低，制造业集聚影响区域创新能力的有效机制尚未形成，且区域一体化程度也较低，导致地区之间外部性低。

具体来看，东部地区劳动密集型制造业集聚已不能对区域创新能力产生有效作用，可能是因为劳动密集型制造业多数已实现产业转移，产业集聚对区域创新的影响机制已不能有效运转；资本密集型制造业集聚对区域创新能力的影响与东部地区总样本一致；技术密集型制造业专业化集聚和多样化集聚对本地区区域创新能力的影响与全国技术密集型制造业样本一致，周边地区技术密集型制造业专业化集聚和多样化集聚对本地区区域创

新能力均有显著正影响，说明东部地区区域一体化程度较高，技术密集型制造业集聚正外部性较强，促进了周边地区区域创新能力的提升。总的来看，东部地区以技术密集型制造业集聚对区域创新能力影响最为显著。中部地区劳动密集型制造业和资本密集型制造业集聚对区域创新能力的影响与中部地区总样本有较强一致性；技术密集型制造业专业化集聚对区域创新能力的影响与中部地区总样本有较强一致性，多样化集聚对区域创新能力的影响回归系数为正但不显著，说明中部地区技术密集型制造业多样化集聚在促进区域创新能力提升方面具有潜力，但因经济发展水平和区域经济一体化程度较低，无法形成多样化集聚以促进区域创新能力的有效机制，导致作用不明显。

## 第二节　主要对策建议

通过前面的理论与实证分析，本研究分别测算了我国的制造业集聚情况以及我国区域创新能力水平，并考察了制造业集聚对区域创新能力的影响。基于本研究的结论，提出以下政策建议。

### 一、推动制造业合理集聚，强化创新溢出效应

#### （一）优化制造业布局

各地区根据自身的比较优势和产业特点进行分工，建立合理的制造业体系，既能缩小制造业地区差距，又能避免产业重构现象。从产业发展来看，东部地区应专注于电子、通信设备制造业等技术密集型制造业；中部地区应根据自身资源优势发展资本密集型制造业；西部地区应承接东中部低端产业的转移，同时也要依靠自身的优势，如自然资源和旅游资源等发展特色产业。政府应利用其宏观调控手段来避免产业同构和地区差距扩大，一方面，政府在产业发展规划的制定上要具有全局性、灵活性和前瞻性；另一方面，应进行市场化改革，消除地方保护主义，使市场机制在产业发展中发挥作用。

### （二）优化产业园区布局，增强地区产业园辐射作用

产业园区是重要的制造业集聚区，能够促进制造业企业培育、引导产业升级以及推动技术创新。首先，对于发达的东部地区，应根据自身产业比较优势来优化产业园区的建设和布局，提升地区间制造业关联性，形成制造业联动发展的良好格局，打造有序竞争的市场，避免产业同构带来低下的创新效率；而对于欠发达的中西部地区，则应以优惠的政策鼓励产业园区建设，以发挥其制造业集聚载体的作用。其次，要加强地区间交流与合作，打破阻碍合作的一切壁垒，在人才引进、财税、要素流动等方面给予优惠政策，扩大产业园区的作用范围。再次，要鼓励不同地区的产业园区错位发展，构建产业优势明显、功能互补的产业园区发展格局。最后，政府要为产业园区建立良好的资源、信息共享网络，为园区内的知识流动和溢出创造良好的条件，加强园区内企业合作交流，充分发挥产业集聚的知识溢出效应，促进协同创新。同时，要建设通达的基础设施，实现制造业有序转移和技术扩散。

### （三）提升制造业集聚区的集聚效应

产业集聚效应是市场配置资源长期优化的结果，而政府对其进行适度的宏观调控也会起到一定的促进作用。政府可以通过完善基础设施、提供配套服务、加大人才引进支持力度等来促进制造业集聚效应的有效发挥。首先，政府应当对制造业集聚区进行政策扶持，对制造业集聚区的公共物品进行投资，完善物流、金融、通讯等方面的基础设施建设，以产业链为基础进行招商，引进具有强力带动作用和关联作用的制造业企业；其次，在制造业集聚区建设中介服务体系，规范中介机构，引进律师事务所、知识产权中心、市场调查机构、资产评估机构、会计师事务所和技术咨询机构等，建设企业科技孵化平台，建设股权投资和风险投资等金融机构与企业之间的合作交流平台以及人才培训机构，为制造业集聚区的发展提供配套服务；最后，建立合理的人才引进和管理机制，在体制和机制上消除人才流动障碍，加强人才服务基础设施建设，保障流动而来的人才能够充分享受医疗、教育等方面的公共服务，使之无后顾之忧，从而实现地区人才聚集，提高人力资本水平和知识资本储量。

## 二、通过多种途径提升自主创新能力

### （一）完善创新平台建设

以政府财政支出为杠杆，推动创新平台建设。首先，以创新平台为载体，推动制造企业之间的合作与交流，使平台成为前沿技术知识、先进管理理念的集散地。其次，加强科技成果转化，以创新平台为推手推动关键核心技术攻关和科研成果的运用，实现从创新能力强到产业发展强再到经济发展强的联通。再次，以适当的激励政策确保参与创新的企业能够获得创新带来的收益，提高企业的创新积极性，推动科技创新活动顺利开展和实施。最后，建设协同创新平台。由于制造业的细分行业众多，因此，可以从知识创新源头和信息流通渠道建立协同创新平台，降低行业间流通成本和交易成本，提高制造业创新能力，打造优势互补、互利共赢的创新局面。

### （二）建设科技中介服务平台，创造良好的创新环境

科技中介服务平台是创新能力不可或缺的一个组成部分。要建设科技中介服务平台，首先要建设完善的、具有一定规模的专业化中介服务体系，促使服务水平和层次提升，培养一批具有齐全的业务种类、合理的结构体系、强大的辐射能力且市场化水平较高的高端中介服务机构，加强其对区域创新能力的支撑作用。其次，政府要出台积极的政策支持和引导科技中介服务平台的发展，要健全法律制度，如科技项目管理、科技项目评估及科技项目招投标方面的法律法规；要给予财政支持，针对科技中介服务机构出台相应的税收优惠、财政补贴等政策来支持其发展。最后，要建立科技中介服务机构与其他服务机构的良好合作机制，形成一个优势服务资源聚集的网络，实现相关的链接服务，提升中介服务水平。特别是在制造业集聚度较高的地区建立良好的科技中介服务网络，不仅能促进产业内和产业间资源流通，还能创造良好的技术创新活动氛围，提升区域创新能力。

### （三）加强企业、高校和政府间的交流合作，强化产学研协同创新

目前，国内企业的基础研究能力较弱，而高校和科研机构的基础研究与企业的实际技术需求并不相适应。因此，要以企业为主体建立产学研协同创新体系。企业由于根植区域，能够准确把握和调动区域的核心和异质性创新资源，这有利于发挥区域优势，提升区域整体创新能力。首先，由政府出面整合各种技术创新资源，建立跨部门创新管理体制机制，组建产学研协同创新联盟，同时促使应用性研究机构和设计单位向公司制企业转型。其次，鼓励高校和科研机构根据企业实际需求确立基础研究方向，以产业技术前沿为导向进行创新活动，在知识层面利用高校和科研机构的各级实验室，在技术层面利用各级工程技术中心和企业技术中心合作，在转化方面利用企业孵化器和产业基地，打造完整的产业创新链条。最后，要扩大招商引资，吸收随外资而来的先进技术与管理经验，加强与国外企业的技术交流，提高企业创新活力与动力。

### （四）强化金融支持，促进科技成果转化

科技成果转化活动是一项高投入和高风险的活动，需要投入大量的资金，且面临着许多不确定因素，因此，需要长期充足的稳定资金以获得保障。首先，要构建多元化的风险投资网络，同时采取合理的管理措施使其规范化，为制造业创新企业营造一个公平、适宜的融资环境。其次，要完善信用担保和评估机制，以产权交易所为枢纽构建合理的技术成果和产权交易体制。最后，要建立利益共享、风险共担的利益分配机制，加快制造业创新成果转化，通过提升制造业自主创新水平来优化产业结构。

### （五）加强地区间合作，共享溢出效应

首先，地区间应建立一体化合作机制，打破行政壁垒，突破体制机制障碍，使创新要素在地区间能够自由而有序地流动，强化地区联动，建设跨地区的协同创新网络，从要素共享、知识和技术合作等方面加强地区间创新合作。其次，各地区要以本地创新要素为基础，整合创新资源，实现优势互补，提高地区创新合作的效率和水平。最后，各地区要发挥自身创新优势，基于自身资源禀赋打造能发挥比较优势的产业集群，强化知识和

创新资源集聚，以产业集群促进创新网络发展。

## 三、加强政府支持

### （一）完善财税政策支持

财税政策是促进制造业集聚和提升区域创新能力最有效、最直接的政策。首先，政府要加强制造业财政支持，明确财政支出的重点领域，同时以法律手段维护制造业创新的正常秩序，强化创新管理。其次，政府要加大 R&D 经费的投入力度，加大科技基础设施建设、教育以及人才培养方面的投入，以资金鼓励和支持创新活动，同时要对创新活动进行科学投资，制定科学合理的经费分配制度，避免将经费投入已成熟或将要被淘汰的技术上。最后，政府要给予制造业税收优惠政策，发挥政府激励作用。在企业方面，要制定系统性和有针对性的税收政策，提高资源要素配置效率，降低企业创新成本和风险；在个人方面，要适当改革个人所得税制度，给予参与创新活动的科技人员一定的税收优惠或减免。

### （二）推动创新人才队伍建设

人才对于创新尤为重要。首先，要加强人才培养和引进。要依托重点人才工程，大力培养基础研究创新人才以及建设创新团队，参与国际技术交流和研发；要以"经营管理人才 + 专业技术人才 + 技能人才"的培养体系为制造业培养高端、复合型人才；要建立具有吸引力的人才引进机制，鼓励企业积极参与国际交流，强化国际人才引进力度，为制造业的技术资本积累和人力资本积累奠定基础。其次，要提升人才服务水平。政府要加强教育、医疗卫生等公共基础设施建设，同时为人才提供住房等方面的优惠政策，使人才无后顾之忧。最后，要提升科技人员创新效率。仅仅增加 R&D 人员数量并不能对创新起到促进作用，反而会造成冗员，因此，各地区应当在加大经费投入的基础上，制定合理的人员激励机制，提高 R&D 人员的创新效率，同时提升 R&D 人员的素质，进而提升区域创新能力。

### （三）注重知识产权保护

首先，要完善知识产权保护法，建立高效的知识产权保护机制，依法打击侵犯知识产权的行为，减少违法侵权行为的发生。其次，要建立知识产权交易平台以及科技中介机构准入制度，根据市场发展规律建立产业创新服务组织。最后，要建立高效透明的知识产权管理体制机制。建立贯穿于知识产权创造、运用、保护、后期服务全程的知识产权管理体系，实现对创新主体从创新投入到创新成果应用的全程保护，打造具有合理分工、权责明确、效率一流的知识产权管理体制机制。

# 第三节　研究展望

本研究对我国制造业集聚水平、我国区域创新能力水平以及制造业集聚对区域创新能力的影响做了相关分析，并在某些问题上进行了一定程度的尝试性创新。但笔者因时间、能力以及获取的数据资料所限，对一些问题未能进行进一步的研究，本研究依然存在一些不足：第一，对产业集聚的影响因素分析尚不全面；第二，对区域创新能力的评价采用的是现成的研究数据，没有根据自己的对区域创新能力的理解设置指标体系进行测算；第三，外部性理论是产业集聚对区域创新能力影响的理论基础，外部效应主要发生在集聚区，而城市是产业集聚区的典型代表，本研究以省级地区为研究对象，是对外部效应的一种弱化。

对产业集聚与区域创新的研究是一项重大课题，还有许多研究内容需要进一步挖掘：首先，产业集聚和区域创新是相互促进的，目前的研究主要集中于产业集聚对区域创新能力的影响，鲜有研究关注区域创新对产业集聚的影响作用，因此，这将是进一步的研究内容之一；其次，本研究就专业化集聚和多样化集聚对区域创新能力的影响机制做了一些初步的总结，尚不够系统和深入，还有待进一步做系统和深入的研究；最后，企业是创新活动的主体，本研究仅限于产业层面，因此，制造业企业也可以成为今后这一课题研究的对象。

# 参 考 文 献

巴吾尔江，董彦斌，孙慧，等. 基于主成分分析的区域科技创新能力评价 [J]. 科技进步与对策，2012 (12)：26 – 30.

白重恩，杜颖娟，陶志刚，等. 地方保护主义及产业地区集中度的决定因素和变动趋势 [J]. 经济研究，2004 (4)：29 – 40.

薄文广. 外部性与产业增长：来自中国省级面板数据的研究 [J]. 中国工业经济，2007 (1)：37 – 44.

蔡宁，吴结兵. 产业集群的网络式创新能力及其集体学习机制 [J]. 科研管理，2005，26 (4)：22 – 28.

曾光，王玲玲，王选华. 中国科技进步贡献率测度：1953—2013 年 [J]. 中国科技论坛，2015 (7)：22 – 27.

柴志贤. 产业集聚对区域技术创新的影响：理论、机理与实证研究 [D]. 杭州：浙江大学，2008.

陈丹宇. 基于效率的长三角区域创新网络形成机理 [J]. 经济地理，2007，27 (3)：370 – 374.

陈建军，黄洁，陈国亮. 产业集聚间分工和地区竞争优势：来自长三角微观数据的实证 [J]. 中国工业经济，2009 (3)：130 – 139.

陈劲，陈钰芬，余芳珍. FDI 对促进我国区域创新能力的影响 [J]. 科研管理，2007 (1)：7 – 13.

陈劲，梁靓，吴航. 开放式创新背景下产业集聚与创新绩效关系研究：以中国高技术产业为例 [J]. 科学学研究，2013，31 (4)：623 – 629，577.

陈凯华，官建成. 中国区域创新系统功能有效性的偏最小二乘诊断 [J]. 数量经济技术经济研究，2010，27 (8)：18 – 32，60.

陈柳钦. 产业集群与区域创新体系互动分析 [J]. 重庆大学学报 (社会科学版), 2005 (6): 1 - 10.

陈武, 常燕. 智力资本对区域创新能力的影响机理研究 [J]. 技术经济, 2011, 30 (7): 1 - 8.

陈武, 何庆丰, 王学军. 基于智力资本的区域创新能力形成机理: 来自我国地级市样本数据的经验证据 [J]. 软科学, 2011, 25 (4): 1 - 7.

崔宇明, 代斌, 王萍萍. 产业集聚的技术溢出效应研究: 基于人力资本的门限非线性估计 [J]. 华中科技大学学报 (社会科学版), 2013 (4): 101 - 107.

党文娟, 张宗益, 康继军. 创新环境对促进我国区域创新能力的影响 [J]. 中国软科学, 2008 (3): 52 - 57.

韦伯. 工业区位论 [M]. 李刚剑, 等, 译. 北京: 商务印书馆, 1997.

邓慧慧. 贸易自由化、要素分布和制造业集聚 [J]. 经济研究, 2009 (11): 118 - 129.

董晓芳, 袁燕. 企业创新、生命周期与聚集经济 [J]. 经济学 (季刊), 2014, 13 (2): 767 - 792.

杜爽, 冯晶, 杜传忠. 产业集聚、市场集中对区域创新能力的作用: 基于京津冀、长三角两大经济圈制造业的比较 [J]. 经济与管理研究, 2018, 39 (7): 48 - 57.

段会娟. 集聚、知识溢出类型与区域创新效率: 基于省级动态面板数据的 GMM 方法 [J]. 科技进步与对策, 2011, 28 (19): 140 - 144.

樊福卓. 地区专业化测量 [J]. 经济研究, 2007 (9): 71 - 83.

范柏乃, 房定坚. 国家高新区投资软环境评价指标的理论遴选与实证筛选 [J]. 自然辩证法通讯, 2004 (5): 57 - 63, 111.

范剑勇. 产业集聚与地区间劳动生产率差异 [J]. 经济研究, 2006 (11): 72 - 81.

范剑勇. 市场一体化、地区专业化与产业集聚趋势: 兼谈对地区差距的影响 [J]. 中国社会科学, 2004 (6): 39 - 51.

冯诗媛. 产业集聚对我国高技术产业技术创新效率的影响研究 [D]. 长春: 东北师范大学, 2017.

符淼. 地理距离和技术外溢效应: 对技术和经济集聚现象的空间计量学解

释 [J]. 经济学（季刊），2009，8（4）：1549－1566.

傅利平，王向华，王明海. 区域创新系统绩效评价模型研究：基于知识生产函数和主成分分析 [J]. 苏州大学学报（哲学社会科学版），2011，32（5）：111－116，192.

高小玲，梁威. 中国制造业产业集聚发展效应及其形成机制研究 [J]. 研究与发展管理，2011（5）：92－100.

顾新. 区域创新系统的运行 [J]. 中国软科学，2001（11）：105－108.

关爱萍，冯星仑，张强. 不同要素密集型制造业集聚特征及变动趋势：来自中国2000—2014年的经验证据 [J]. 华东经济管理，2016（10）：95－100.

官建成，刘顺忠. 区域创新系统测度的研究框架和内容 [J]. 中国科技论坛，2003（2）：24－26.

郝莹莹，杜德斌，智瑞芝. R&D政策及其空间效应：欧盟经验与借鉴意义 [J]. 科学学与科学技术管理，2007，28（3）：36－40.

洪群联，辜胜阻. 产业集聚结构特征及其对区域创新绩效的影响：基于中国高技术产业数据的实证研究 [J]. 社会科学战线，2016（1）：51－57.

胡宝娣，胡兵. 中西部地区区域创新能力研究 [J]. 重庆工商大学学报（西部经济论坛），2003（5）：17－19.

胡佛，杰莱塔尼. 区域经济学导论 [M]. 郭万清，汪明，孙冠群，等，译. 上海：上海远东出版社，1992.

胡志坚，苏靖. 区域创新系统理论的提出与发展 [J]. 中国科技论坛，1999（6）：21－24.

黄鲁成. 关于区域创新系统研究内容的探讨 [J]. 科研管理，2000（2）：43－48.

黄曼慧，黄燕. 汕头市产业集聚效果的实证分析 [J]. 广东商学院学报，2003（4）：51－55.

黄苹. 自主创新、技术模仿与地区经济增长研究 [J]. 软科学，2008，22（8）：87－90.

黄晓治，曹鑫. 产业集群与区域创新能力提升：基于结构、行为、绩效的分析 [J]. 经济问题探索，2006（12）：31－37.

黄中伟. 产业集群的网络创新机制和绩效 [J]. 经济地理，2007，27

（1）：47 – 51.

江兵，杨蕾，杨善林. 区域创新系统理论与结构模型［J］. 合肥工业大学学报（社会科学版），2005，19（1）：33 – 39.

江激宇. 产业集聚与区域经济增长：以中国制造业集聚为例［D］. 南京：南京农业大学，2005.

蒋媛媛. 中国地区专业化促进经济增长的实证研究：1990—2007 年［J］. 数量经济技术经济研究，2011，28（10）：3 – 20.

金高云. 提升我国区域创新能力的构想［J］. 工业技术经济，2009，28（2）：7 – 11.

黎继子，刘春玲，邹德文. 产业集中、集群式供应链组织衍续和技术创新：以"武汉·中国光谷"光电子产业为例［J］. 财经研究，2006（7）：41 – 52.

李冻菊. 区域创新能力与经济增长质量的关系：以河南省为例［J］. 社会科学家，2013（7）：67 – 72.

李健旋，程中华. 知识溢出对区域创新影响的空间计量分析［J］. 中国科技论坛，2017（2）：121 – 126.

李骏，刘洪伟，陈银. 产业集聚、技术学习成本与区域经济增长：以中国省际高技术产业为例［J］. 软科学，2018，32（4）：95 – 99.

李立. 我国物流产业集聚的影响因素及发展对策研究［J］. 改革与战略，2016（8）：97 – 100.

李沙沙. 产业集聚对中国制造业全要素生产率的影响研究［D］. 大连：东北财经大学，2018.

李扬. 西部地区产业集聚水平测度的实证研究［J］. 南开经济研究，2009（4）：144 – 151.

李侚忆. 高速铁路对区域知识溢出的影响研究：以武广高速铁路为例［D］. 北京：北京交通大学，2017.

李志宏，王娜，马倩. 基于空间计量的区域间创新行为知识溢出分析［J］. 科研管理，2013，34（6）：9 – 16.

梁琦. 产业集聚论［M］. 北京：商务印书馆，2004.

刘和东. 区域创新内溢外溢与空间溢出效应的实证研究［J］. 科研管理，2013（1）：28 – 36.

刘洪涛，汪应洛. 中国创新模式及其演进的实证研究 [J]. 科学学与科学技术管理，1999，20（6）：6－9.

刘佳，赵金金，张广海. 中国旅游产业集聚与旅游经济增长关系的空间计量分析 [J]. 经济地理，2013，33（4）：186－192.

刘军，李廉水，王忠. 产业聚集对区域创新能力的影响及其行业差异 [J]. 科研管理，2010，31（6）：191－198.

刘军，徐康宁. 中国制造业地区聚集的决定因素研究 [J]. 科学学与科学技术管理，2008（10）：127－133.

刘军，杨浩昌. 产业聚集对制造业就业的影响及其地区差异：基于中国省级面板数据的实证分析 [J]. 经济问题探索，2015（11）：79－87

刘军国. 传统产业集聚中的报酬递增 [J]. 技术经济，2001（1）：57－59.

刘乃全，吴友，赵国振. 专业化集聚、多样化集聚对区域创新效率的影响：基于空间杜宾模型的实证分析 [J]. 经济问题探索，2016（2）：89－96.

刘鹏，张运峰. 产业集聚、FDI 与城市创新能力：基于我国 264 个地级市数据的空间杜宾模型 [J]. 华东经济管理，2017，31（5）：56－65.

刘强，范爱军. 基于空间异质性的区域创新技术扩散规律研究 [J]. 统计与决策，2014（2）：97－101.

刘修岩，何玉梅. 集聚经济、要素禀赋与产业的空间分布：来自中国制造业的证据 [J]. 产业经济研究，2011（3）：10－19.

刘修岩. 集聚经济与劳动生产率：基于中国城市面板数据的实证研究 [J]. 数量经济技术经济研究，2009，26（7）：109－119.

鲁钊阳，廖杉杉. FDI 技术溢出与区域创新能力差异的双门槛效应 [J]. 数量经济技术经济研究，2012，29（5）：75－88.

路江涌，陶志刚. 中国制造业区域聚集及国际比较 [J]. 经济研究，2006（3）：103－114.

罗发友，刘伶俐，刘友金. 产业发展水平与科技创新能力的相关性 [J]. 统计与决策，2002（12）：19－20.

罗文. 互联网产业创新系统及其效率评价研究 [D]. 北京：北京交通大学，2014.

罗勇，曹丽莉. 中国制造业集聚程度变动趋势实证研究 [J]. 经济研究，

2005（8）：106 – 115，127.

吕承超. 中国高技术产业专业化比多样化更有利于区域产业创新吗？
[J]. 研究与发展管理，2016，28（6）：27 – 37.

吕宏芬，刘斯敖. R&D 投入、产业集聚与浙江区域创新效应分析 [J].
浙江学刊，2011（3）：196 – 201.

吕可文，李晓飞，赵黎晨. 中部六省区域创新能力的评价与分析 [J].
区域经济评论，2017（2）：99 – 106.

毛其淋，盛斌. 对外经济开放、区域市场整合与全要素生产率 [J]. 经
济学（季刊），2011，11（1）：181 – 210.

潘文卿，刘庆. 中国制造业产业集聚与地区经济增长：基于中国工业企业
数据的研究 [J]. 清华大学学报（哲学社会科学版），2012（1）：
137 – 147，161.

彭耿，刘芳. 产业集聚度测量研究综述 [J]. 技术与创新管理，2010
（2）：181 – 184，201.

彭娜. 生产性服务业集聚与技术进步之间关系的研究 [D]. 上海：上海
师范大学，2014.

齐讴歌，赵勇，王满仓. 城市集聚经济微观机制及其超越：从劳动分工到
知识分工 [J]. 中国工业经济，2012（1）：36 – 45.

任胜钢，彭建华. 基于因子分析法的中国区域创新能力的评价及比较
[J]. 系统工程，2007（2）：87 – 92.

芮雪琴，李环耐，牛冲槐，等. 科技人才聚集与区域创新能力互动关系实
证研究：基于 2001—2010 年省际面板数据 [J]. 科技进步与对策，
2014，31（6）：23 – 28.

桑瑞聪，岳中刚. 外商直接投资与区域创新能力：基于省际面板数据的实
证研究 [J]. 国际经贸探索，2011，27（10）：40 – 45.

邵云飞，谭劲松. 区域技术创新能力形成机理探析 [J]. 管理科学学报，
2006，9（4）：1 – 11.

邵云飞，唐小我，陈光. 中国区域技术创新能力的聚类实证分析 [J].
中国软科学，2003（5）：113 – 118.

石斌. 南京市产业集聚与区域经济竞争力的互动关系研究 [D]. 南京：
南京航空航天大学，2010.

世界银行. 1994 年世界发展报告［M］. 毛晓威，等，译. 北京：中国财政经济出版社，1994.

宋帅邦. 新疆乌昌经济区产业集聚与区域创新的关系研究［D］. 乌鲁木齐：新疆财经大学，2015.

孙慧，周好杰. 产业集聚水平测度方法综述［J］. 科技管理研究，2009（6）：449 – 451.

孙锐，石金涛. 基于因子和聚类分析的区域创新能力再评价［J］. 科学学研究，2006（6）：985 – 990.

孙智君，马晓东. 创新、技术扩散与产业集群创新发展：一个模型的提出与分析［J］. 贵州社会科学，2012（1）：58 – 63.

谭清美，陆菲菲. Ellison – Glaeser 指数的修正方法及其应用：对中国制造业行业集聚的再测度［J］. 技术经济，2016（11）：62 – 67.

唐晓华，陈阳，张欣钰. 中国制造业集聚程度演变趋势及时空特征研究［J］. 经济问题探索，2017（5）：172 – 181.

田相辉，张秀生. 空间外部性的识别问题［J］. 统计研究，2013，30（9）：94 – 100.

万勇. 区域技术创新与经济增长研究［D］. 厦门：厦门大学，2009.

王缉慈，等. 创新的空间：产业集群与区域发展［M］. 北京：科学出版社，2019.

汪继年. 论区域创新环境及其对创新型产业的作用机制［J］. 发展，2007（9）：138 – 140.

汪少华，佳蕾. 浙江省企业集群成长与创新模式研究［J］. 科研管理，2003（1）：129 – 133.

王斌，谭清美. 产权、规模及产业集聚对专利成果转化效率的影响：来自我国五个高技术产业的数据［J］. 经济管理，2013，35（8）：153 – 161.

王琛，林初昇，戴世续. 产业集群对技术创新的影响：以电子信息产业为例［J］. 地理研究，2012，31（8）：1375 – 1386.

王春杨，张超. 地理集聚与空间依赖：中国区域创新的时空演进模式［J］. 科学学研究，2013，31（5）：780 – 789.

王红领，李稻葵，冯俊新. FDI 与自主研发：基于行业数据的经验研究

[J]．经济研究，2006（2）：44 – 56.

王丽丽．集聚、贸易开放与全要素生产率增长：基于中国制造业行业的门槛效应检验［J］．产业经济研究，2012（1）：26 – 34.

王亮．中国新能源装备产业集聚对技术创新的影响研究［J］．科学管理研究，2015，33（6）：60 – 63.

王锐淇，张宗益．区域创新能力影响因素的空间面板数据分析［J］．科研管理，2010，31（3）：17 – 26，60.

王三兴，熊凌．FDI 与区域创新能力：基于省市面板数据的经验研究［J］．山西财经大学学报，2007（5）：32 – 37.

王伟光，冯荣凯，尹博．产业创新网络中核心企业控制力能够促进知识溢出吗？［J］．管理世界，2015（6）：99 – 109.

王晓光，方娅．基于产业集群的哈大齐工业走廊区域创新能力评价［J］．科技进步与对策，2010（10）：100 – 103.

王雅芬．基于产业集群生命周期的技术创新研究［J］．商业经济与管理，2007，1（5）：23 – 28.

王宇新，姚梅．空间效应下中国省域间技术创新能力影响因素的实证分析［J］．科学决策，2015（3）：72 – 81.

魏阙，戴磊．吉林省区域创新能力评价指标体系研究［J］．科研管理，2015（S1）：22 – 28.

魏守华，吴贵生，吕新雷．区域创新能力的影响因素：兼评我国创新能力的地区差距［J］．中国软科学，2010（9）：76 – 85.

魏彦莉．区域创新能力理论分析与实证应用研究［D］．天津：河北工业大学，2002.

文东伟，冼国明．中国制造业产业集聚的程度及其演变趋势：1998—2009年［J］．世界经济，2014（3）：3 – 31.

文玫．中国工业在区域上的重新定位和聚集［J］．经济研究，2004（2）：84 – 94.

邬滋．集聚结构、知识溢出与区域创新绩效：基于空间计量的分析［J］．山西财经大学学报，2010，32（3）：15 – 22.

吴海林．中国科技园区域创新能力理论分析框架［J］．经济学家，2003（1）：106 – 111.

吴汉利，汪海霞．我国西部地区区域自主创新能力评价研究［J］．科技管理研究，2014，34（1）：12－15．

吴三忙，李善同．中国制造业地理集聚的时空演变特征分析：1980—2008［J］．财经研究，2010（10）：4－14，25．

吴添祖，姚杭永．基于产业集群的技术创新扩散绩效研究［J］．科技进步与对策，2004，21（7）．

吴显英．区域技术创新能力评价中的因子分析［J］．哈尔滨工程大学学报，2003（2）：233－236．

吴学花，杨蕙馨．中国制造业产业集聚的实证研究［J］．中国工业经济，2004（10）36－43．

吴嫣．产业集聚效应对出口贸易的影响［D］．杭州：浙江大学，2014．

吴玉鸣，何建坤．研发溢出、区域创新集群的空间计量经济分析［J］．管理科学学报，2008，11（4）：59－66．

向丽．区域科技创新能力与产业集聚水平协调关系研究［J］．管理现代化，2016，36（6）：22－25．

谢品，李良智，赵立昌．江西省制造业产业集聚、地区专业化与经济增长实证研究［J］．经济地理，2013，33（6）：103－108．

徐建中，王纯旭．基于二象对偶与熵权法的区域高技术产业创新系统协同度测度研究［J］．理论探讨，2016（4）：164－167．

徐康宁，陈奇．外商直接投资在产业集群形成中的作用［J］．现代经济探讨，2003（12）：3－7．

徐雷．政府补贴、制造业集聚与产业转移：基于Ｃ－Ｐ模型的理论分析［J］．华东经济管理，2013（9）：83－87．

徐妍．产业集聚视角下中国高技术产业创新效率及其空间分异研究［D］．天津：南开大学，2013．

徐永智，衣保中．中国东部各省市区域创新能力评价［J］．黑龙江社会科学，2017（1）：82－85．

徐占忱．OECD国家集群创新政策实践及其启示［J］．工业技术经济，2007，26（1）：23－25．

薛捷．区域创新环境对科技型小微企业创新的影响：基于双元学习的中介作用［J］．科学学研究，2015，33（5）：782－791．

杨浩昌，李廉水，刘军. 产业聚集与中国城市全要素生产率［J］. 科研管理，2018，39（1）：83－94.

杨洪焦，孙林岩，吴安波. 中国制造业聚集度的变动趋势及其影响因素研究［J］. 中国工业经济，2008（4）：64－72.

杨坤，朱四伟，胡斌. 空间关联视阈下产业集聚对区域创新绩效的影响：基于不同细分产业的实证研究［J］. 经济体制改革，2020（3）：93－100.

杨沙，戴锦. 高技术产业集群创新网络模型研究［J］. 当代经济，2009（13）：44－46.

殷广卫. 新经济地理学视角下的产业集聚机制研究［D］. 天津：南开大学，2011.

斯密. 国富论［M］. 郭大力，王亚南，译. 北京：商务印书馆，2015.

张彩江，覃婧，周宇亮. 技术扩散效应下产业集聚对区域创新的影响研究：基于两阶段价值链视角［J］. 科学学与科学技术管理，2017，38（12）：124－132.

张萃. 制造业区域集聚与技术创新：基于负二项模型的实证分析［J］. 数理统计与管理，2012，31（1）：105－111.

张慧，彭璧玉. 创新行为与企业生存：创新环境、员工教育重要吗［J］. 产业经济研究，2017（4）：30－40.

张杰，刘志彪，郑江淮. 产业链定位、分工与集聚如何影响企业创新：基于江苏省制造业企业问卷调查的实证研究［J］. 中国工业经济，2007（7）：47－55.

张可，毛金祥. 产业共聚、区域创新与空间溢出：基于长三角地区的实证分析［J］. 华中科技大学学报（社会科学版），2018，32（4）：76－88.

张丽华，陈伟忠，林善浪. 我国制造业集聚经济动态性研究：基于产业生命周期的视角［J］. 产业经济研究，2013（3）：23－34.

张璐，牟仁艳，胡树华，等. 专业化、多样化集聚对制造业创新效率的影响［J］. 中国科技论坛，2019（1）：57－65.

张同升，梁进社，宋金平. 中国制造业省区间分布的集中与分散研究［J］. 经济地理，2005（3）：315－319，332.

张艳，刘亮. 经济集聚与经济增长：基于中国城市数据的实证分析［J］.

世界经济文汇，2007（1）：48－56.

章立军. 区域创新环境与创新能力的系统性研究：基于省际数据的经验证据 [J]. 财贸研究，2006（5）：1－9.

章韬. 经济地理外部性与城市全要素生产率差异：来自中国地级城市的证据 [J]. 上海经济研究，2013（12）：31－48，62.

赵伟，张萃. FDI 与中国制造业区域集聚 [J]. 经济研究，2007（11）：82－90.

赵伟，张萃. 市场一体化与中国制造业区域集聚变化趋势研究 [J]. 数量经济技术经济研究，2009，26（2）：18－32.

赵炎，徐悦蕾. 上海市区域创新能力评价 [J]. 科研管理，2016（4）：490.

甄峰，黄朝永，罗守贵. 区域创新能力评价指标体系研究 [J]. 科学管理研究，2000（6）：5－8.

中国科技发展战略研究小组，中国科学院大学中国创新创业管理研究中心. 中国区域创新能力评价报告 2017 [M]. 北京：科学技术文献出版社，2017.

中国科学技术发展战略研究院. 国家创新指数报告 2016—2017 [M]. 北京：科学技术文献出版社，2017.

中国科学技术发展战略研究院. 中国区域科技创新评价报告 2016—2017 [M]. 北京：科学技术文献出版社，2017.

仲伟周，邢治斌. 我国制造业"市场换技术"有效性分析：基于产业安全视角 [J]. 科学学与科学技术管理，2012（12）：62－70.

周立，吴玉鸣. 中国区域创新能力：因素分析与聚类研究：兼论区域创新能力综合评价的因素分析替代方法 [J]. 中国软科学，2006（8）：97.

周玲玉. 专业化、多样化集聚对技术创新效率的影响研究 [D]. 合肥：安徽大学，2019.

周泯非，魏江. 产业集群创新能力的概念、要素与构建研究 [J]. 外国经济与管理，2009，31（9）：9－17.

周明. 制造业集聚程度变动趋势实证研究：以 20 个制造业为例 [J]. 科学学与科学技术管理，2008（7）：138－142.

周小明. 高技术产业集群知识溢出及其对区域创新能力影响的实证研究

［D］. 天津：天津大学，2013.

朱华晟. 基于 FDI 的产业集群发展模式与动力机制：以浙江嘉善木业集群为例［J］. 中国工业经济，2004（3）：106 - 112.

朱克江. 自主创新是应对国际金融危机的战略选择［N］. 科技日报，2008 - 12 - 14.

AMITI M. New Trade Theories and Industrial Location in the EU: A Survey of Evidence［J］. Oxford Review of Economic Policy，1998，15（2）：45 - 53.

AMITI M. Location of Vertically Linked Industries: Agglomeration Versus Comparative Advantage［J］. European Economic Review，2005，49（4）：809 - 832.

ARROW K. The Economic Implications of Learning by Doing［J］. Review of Economic Studies，1962，29（3）：155 - 173.

ARTHUE J. External Trade in Developing Economies［R］. NBER，Working Paper，2001.

BAPTISTA R，SWANN P. Do Firms in Clusters Innovate More?［J］. Research Policy，1998，27（5）：525 - 540.

BATISSE C. Dynamic Externalities and Local Growth［J］. China Economic Review，2002，13（2）：231 - 251.

BEAUDRY C，SCHIFFAUEROVA A. Who's Right, Marshall or Jacobs? The Localization Versus Urbanization Debate［J］. Research Policy，2009，38（2）：318 - 337.

BERLIANT M，REED R R，WANG P. Knowledge Exchange，Matching，and Agglomeration［J］. Journal of Urban Economics，2000，60（1）：69 - 95.

BRADLEY R，GANS J S. Growth in Australian Cities［J］. Economic Record，1998，74（5）：226.

BRUELHART M，MATHYS N A. Sectoral Agglomeration Economies in a Panel of European Regions［J］. Regional Science & Urban Economics，2008，38（4）：348 - 362.

CAMAGNI R，CAPELLO R. Regional Innovation Patterns and the EU

Regional Policy Reform: Toward Smart Innovation Policies [J]. Growth & Change, 2013, 44 (2): 355 – 389.

CAMERON K S, QUINN R E. Diagnosing and Changing Organizational Culture: Based the Competing Values Framework [M]. New work: Addison-Wesley Press, 1998.

CAPELLO R, LENZI C. Spatial Heterogeneity in Knowledge, Innovation, and Economic Growth Nexus: Conceptual Reflections and Empirical Evidence [J]. Journal of Regional Science, 2014, 54 (2): 186 – 214.

CARLINO G A, CHATTERJEE S, HUNT R M. Urban Density and the Rate of Invention [J]. Journal of Urban Economics, 2007, 61 (3): 389 – 419.

CASSIMAN B, VEUGELERS R. In Search of Complementarity in Innovation Strategy: Internal R&D and External Knowledge Acquisition [J]. Management Science, 2006, 52 (1): 68 – 82.

CLANCY P, O'MALLEY E, O'CONNELL L, ET AL. Industry Clusters in Ireland: An Application of Porter's Model of National Competitive Advantage to Three Sectors [J]. European Planning Studies, 2001, 9 (1): 7 – 28.

COMBES P P, DURANTON G. Labour Pooling, Labour Poaching, and Spatial Clustering [J]. Regional Science & Urban Economics, 2006, 36 (1): 1 – 28.

COOKE P. Regional Innovation System, Clusters and the Knowledge Economy [J]. Industrial and Corporate Change, 2001, 10 (4): 945 – 975.

COOKE P. Regional Innovation Systems: Competitive Regulation in the New Europe [J]. Geoforum, 1992, 23 (3): 365 – 382.

CRAFTS N, MULATU A. What Explains the Location of Industry in Britain, 1871—1931? [J]. CEPR Discussion Papers, 2004, 5 (4): 499 – 518.

Dijk M, Soltan S. Palestinian Clusters: From Agglomeration to Innovation [J]. European Scientific Journal, 2017, 13 (13): 323 – 336.

DOSI G, TEECE D J, CHYTRY J. Technology, Organization, and Competitiveness: Perspectives on Industrial and Corporate Change [M]. Oxford: Oxford University Press, 1998.

DURANTON G, OVERMAN H G. Testing for Localization Using Micro-

Geographic Data [J]. Review of Economic Studies, 2005, 72 (4): 1077 – 1106.

DURANTON G, OVERMAN H G. Exploring the Detailed Location Patterns of UK Manufacturing Industries Using Micro-Geographic Data [J]. Journal of Regional Science, 2008, 48 (1): 213 – 243.

DURANTON G, PUGA D. Nursery Cities: Urban Diversity, Process Innovation, and the Life Cycle of Products [J]. American Economic Review, 2001, 91 (5): 1454 – 1477.

STERN E. Ongoing and Participative Evaluation: Purpose, Design and Role in the Evaluation of a Large-Scale R&D Programme [J]. Research Evaluation, 1993, 3 (2): 75 – 82.

EJERMO O. Technological Diversity and Jacobs' Externality Hypothesis Revisited [J]. Growth & Change, 2010, 36 (2): 167 – 195.

ELLISION G, GLAESER E L. Geographic Concentration in U. S. Manufacturing Industries: A Dartboard Approach [J]. Journal of Political Economy, 1997, 105 (5): 889 – 927.

FALLICK B, FLEISCHMAN C, REBITZER J. Job-Hopping in Silicon Valley: Some Evidence Concerning the Microfoundations of a High-Technology Cluster [J]. Review of Economics and Statistics, 2006, 88 (3): 472 – 481.

FELDMAN M P, AUDRETSCH D B. Innovation in Cities: Implications for Innovation [J]. European Economic Review, 1999, 43 (2): 409 – 429.

FERRARY M, GRANOVETTER M. The Role of Venture Capital Firms in Silicon Valley's Complex Innovation Network [J]. Economy and Society, 2009, 38 (2): 326 – 359.

FOSS N J. Higher-order Industrial Capabilities and Competitive Advantage [J]. Industry Studies, 1996, 3 (1): 1 – 2.

FREEDMAN M L. Job Hopping, Earnings Dynamics, and Industrial Agglomeration in the Software Publishing Industry [J]. Journal of Urban Economics, 2008, 64 (3): 590 – 600.

FRITSCH M, SCHMUDE J. Entrepreneurship in the Region [M]. New

York: Springer, 2006.

FRITSCH M, SLAVTCHEV V. Universities and Innovation in Space [J]. Industry and Innovation, 2007, 14 (2): 201 – 218.

FUJITA M, THISSE J F. Economics of Agglomeration: Cities, Industrial Location, and Regional Growth [M]. Cambridge: Cambridge University Press, 2002.

FURMAN J L, HAYES R. Catching up or Standing Still?: National Innovative Productivity among 'Follower' Countries, 1978—1999 [J]. Research Policy, 2004, 33 (9): 1329 – 1354.

FURMAN J L, PORTER M E, STERN S. The Determinants of National Innovative Capacity [J]. Research Policy, 2000, 31 (6): 899 – 933.

GAO T. Regional Industrial Growth: Evidence from Chinese Industries [J]. Regional Science and Urban Economics, 2004, 34 (1): 101 – 124.

GE Y. Regional Inequality, Industry Agglomeration and Foreign Trade, the Case of China [R]. Working Papers, University of International Business and Economics, China, 2003.

GREUNZ I. If Regions Could Choose Their Neighbors: A Panel Data Analysis of Knowledge Spillovers between European Regions [J]. Brussels Economic Review, 2001, 169 (1): 63 – 84.

GROSSMAN G M, HELPMAN E. Quality Ladders in the Theory of Growth [J]. Review of Economic Studies, 1991, 58 (1): 43 – 61.

GUIMARAES P, FIGUEIREDO O, WOODWARD D. Agglomeration and the Location of Foreign Direct Investment in Portugal [J]. Journal of Urban Economics, 2000, 47 (1): 115 – 135.

HAGEDOORN J, CLOODT M. Measuring Innovative Performance: Is There an Advantage in Using Multiple Indicators? [J]. Research Policy, 2003, 32 (8): 1365 – 1379.

HARRIS C. The Market as a Factor in the Localization of Industry in the United States [J]. Annals of the Association of American Geographers, 1954, 44 (4): 315 – 348.

HEIDENREICH M. The Renewal of Regional Capabilities Experimental

Regional Innovative Capability [J]. Research Policy, 2005, 34 (5): 739 – 757.

HELSLEY R W, STRANGE W. Matching and Agglomeration Economies in a System of Cities [J]. Regional Science & Urban Economics, 1990, 20 (2): 189 – 212.

HENDERSON V. The Urbanization Process and Economic Growth: The So-What Question [J]. Journal of Economic Growth, 2003, 8 (1): 47 – 71.

HENDERSON R M, JAFFE A B, TRAJTENBERG M. Geographic Localization of Knowledge Spillovers as Evidenced by Patent Citations [J]. Quarterly Journal of Economics, 1993, 108 (3): 577 – 598.

HILL C W L. International Business: Competing in the Global Market Place (8e) [M]. New York: McGraw-Hill Education Press, 2011.

Isaksen A. Building Regional Innovation Systems: Is Endogenous Industrial Development Possible in The Global Economy? [J]. Canadian Journal of Regional Science, 2001, 24 (1): 101 – 120.

JACOBS J. The Economy of Cities [M]. New York: Random House, 1969.

KIM S. Expansion of Markets and the Geographic Distribution of Economic Activities: The Trends in U. S. Regional Manufacturing Strueture, 1860—1987 [J]. Quarierly Journal of Economies, 1995, 110 (4): 881 – 908.

KONDO H. International R&D Subsidy Competition, Industrial Agglomeration and Growth [J]. Journal of International Economics, 2013, 89 (1): 233 – 251.

KRUGMAN P. Geography and Trade [M]. Leuven: Leuven University Press, 1991.

LALL S. Technological Capabilities and Industrialization [J]. World Development, 1992, 20 (2): 165 – 186.

LANDAU R E, ROSENBERG N E. The Positive Sum Strategy. Harnessing Technology for Economic Growth [M]. Washington D C: National Academy Press, 1986.

LAU A K W, LO W. Regional Innovation System, Absorptive Capacity and

Innovation Performance: An Empirical Study [J]. Technological Forecasting & Social Change, 2015, 92 (3): 99 – 114.

LAWSON C. Towards a Competence Theory of the Region [J]. Cambridge Journal of Economics, 1999, 23 (2): 151 – 166.

LUNDVALL B A. National Systems of Innovation: Toward a Theory of Innovation and Interactive Learning [M]. London: Anthem Press, 2010.

MARIUS BRÜLHART. Evolving Geographical Concentration of European Manufacturing Industries [J]. Review of World Economics, 2001, 137 (2): 215 – 243.

MARSHALL A. Principles of Economics [M]. London: Macmillan, 1890.

MATHEWS J A, HU M C. Enhancing the Role Universities in Building National Innovative Capacity in Asia: The Case of Taiwan [J]. World Development, 2007, 35 (6): 1005 – 1020.

MIKEL B, JOOST H, THOMAS B. Regional Systems of Innovation and the Knowledge Production Function: The Spanish Case [J]. Technovation, 2006, 26 (4): 463 – 472.

NOOTEBOOM B, GILSING V A. Density and Strength of Ties in InnovationNetworks: A Competence and Governance View [J]. Social Science Electronic Publishing, 2004, 2 (3): 179 – 197.

PACI R, USAI S. Externalities, Knowledge Spillovers and the Spatial Distribution of Innovation [J]. Geo Journal, 1999, 49 (4): 381 – 390.

PAPAGEORGIOU T. Working Sorting and Agglomeration Economies [R]. Penn State University Working Paper, 2013.

PINCH S, HENRY N, JENKINS M et al. From "Industrial Districts" to "Knowledge Clusters": A Model of Knowledge Dissemination and Competitive Advantage in Industrial Agglomerations [J]. Journal of Economic Geography, 2003, 3 (4): 373 – 388.

PORTER M. The Competitive Advantage of Nations [M]. New York: Free Press, 1998.

PORTER M, STERN S. Measuring the Ideas Production Function: Evidence from International Patent Output [R]. NBER Working Paper, 2000.

QUATRARO F. The Diffusion of Regional Innovation Capabilities: Evidence From Italian Patent Data [J]. Regional Studies, 2009, 43 (10): 1333 – 1348.

RICHARDSON G B. Competition, Innovation and Increasing Returns [J]. DRUID Working Papers, 1996, 9 (2): 149 – 181.

RIDDEL M, SCHWER R K. Regional Innovative Capacity with Endogenous Employment: Empirical Evidence from the U. S. [J]. The Review of Regional Studies, 2003, 33 (1): 73 – 84.

ROMER P M. Increasing Returns and Long-Run Growth [J]. Journal of Political Economy, 1986, 94 (5): 1002 – 1037.

ROMIJN H, ALBU M. Innovation, Networking and Proximity: Lessons from Small High Technology Firms in the UK [J]. Regional Studies, 2002, 36 (1): 81 – 86.

SALVADOR B, ERIC S. Industry Mobility and Geographic Concentration in the European Union [J]. Economics Letters, 2004, 82 (1): 71 – 75.

SBERGAMI F. Agglomeration and Economic Growth: Some Puzzles [R]. IHEID Working Papers, 2002.

SCHUMPETER J. The Theory of Economics Development [M]. Boston: Harvard University Press, 1912.

SOEST D, GERKING S D, OORT F. Knowledge Externalities, Agglomeration Economies, and Employment Growth in Dutch Cities [J]. Discussion Paper, 2002.

STORPER M, VENABLES A J. Buzz: Face-to-Face Contact and the Urban Economy [J]. Journal of Economic Geography, 2004, 4 (4): 351 – 370.

STRANGE W, HEJAZI W, TANG J. The Uncertain City: Competitive Instability, Skills, Innovation and the Strategy of Agglomeration [J]. Journal of Urban Economics, 2006, 59 (3): 331 – 351.

TOMIURA E. Changing Economic Geography and Vertical Linkages in Japan [J]. Journal of the Japanese & International Economies, 2003, 17 (4): 561 – 581.

TURA T, HARMAAKRPI V. Social Capital in Building Regional Innovative

Capability [J]. Regional Studies, 2005, 39 (8): 1111 –1125.

USAI S, MORENO R, PACI R. Spatial Spillovers and Innovation Activity in European Regions [J]. Social Science Electronic Publishing, 2005, 37 (10): 1793 –1812.

VENABLES A J. Equilibrium Locations of Vertically Linked Industries [J]. International Economic Review, 1996, 37 (2): 341 –359.

YOUNG A. The Razor's Edge: Distortions and Incremental Reform in the People's Republic of China [J]. Quarterly Journal of Economies, 2000, 115 (4): 1091 –1135.

# 后　　记

　　自硕士期间拜读了中山大学梁琦教授的著作《产业集聚论》，我便开始了对产业集聚的研究之路。现在，本书能够在中山大学出版社出版，也算是一种缘分。虽然与梁教授只有一面之缘，但她的《产业集聚论》算是我的学术启蒙之作，在此感谢梁琦教授。

　　本书是本人的博士后出站报告，这篇研究报告的完成也意味着我结束了校园生活。回顾求学二十余年的点点滴滴，有获得成功时的欢快，也有遭遇失败时的痛苦；有论文发表时的喜悦，也有论文被拒时的惆怅。总的来讲，这二十多年的求学之路，我收获了知识、锻炼了心性、增加了阅历，更获得了成长。

　　感谢我的合作导师高兴民教授，博士后出站报告的选题、写作、成稿均是在高教授的悉心指导下完成的。高教授在学术上具有开阔的视野、敏捷的思维、广博的知识和严谨的态度，是我辈学习的楷模。他是一位令人尊重的学者，他善良宽容的品格和温文尔雅的气质，使我每次在与他交谈时都有着如沐春风的感觉。

　　感谢中山大学出版社对本书出版的支持！

　　学无止境，离开学校并不是我求学生涯的结束，而是一个新的起点，我会在以后的工作中不断进取，加倍努力，继续提升自己，以期无愧于父母对我的期望，无愧于老师对我的栽培！

　　受研究能力和水平限制，书中难免出现错漏，恳请读者批评指正！

宋帅邦

2023 年 5 月于深圳